Ansiedad
S.A.

LEONARDO TAVARES

Ansiedad
S.A.

ANSIEDAD S.A.
© Copyright 2023 - Leonardo Tavares

Este título puede adquirirse en grandes cantidades para uso comercial o educativo.

Para obtener información, envíe un correo electrónico a realleotavares@gmail.com.

Todos los derechos reservados. Ninguna parte de este libro puede ser reproducida, almacenada en un sistema de recuperación ni transmitida de ninguna forma o por ningún medio, ya sea electrónico, mecánico, fotocopia, grabación, escaneo u otro, excepto por breves citas en reseñas críticas o artículos, sin el permiso previo por escrito del editor.

En ningún caso se responsabilizará al editor o autor por daños, reparaciones o pérdidas monetarias debido a la información contenida en este libro, ya sea directa o indirectamente.

Aviso Legal:

Este libro está protegido por derechos de autor. Es solo para uso personal. No puede modificar, distribuir, vender, utilizar, citar o parafrasear ninguna parte o contenido de este libro sin el consentimiento del autor o editor.

Aviso de Exención de Responsabilidad:

Tenga en cuenta que la información contenida en este documento es solo con fines educativos y de entretenimiento. Se ha hecho todo el esfuerzo para presentar información precisa, actualizada y confiable. No se declaran ni implican garantías de ningún tipo. Los lectores reconocen que el autor no se dedica a la prestación de asesoramiento legal, financiero, médico o profesional. El contenido de este libro ha sido derivado de diversas fuentes. Consulte a un profesional con licencia antes de intentar cualquier técnica descrita en este libro.

Al leer este documento, el lector acepta que en ningún caso el autor será responsable de las pérdidas, directas o indirectas, incurridas como resultado del uso de la información contenida en este documento, incluidos, entre otros, errores, omisiones o inexactitudes.

Primera edición 2023

ÍNDICE

Prólogo 9
1. Introducción al Universo de la Ansiedad 11
    Comprendiendo la Ansiedad 12
    La Ubicuidad de la Ansiedad en la Sociedad Moderna 15
    Una Invitación a la Exploración 17

2. Sociedad en Rápida Transformación 18
    Impacto de los Cambios Sociales, Tecnológicos y Culturales en el Incremento de la Ansiedad 19
    Presiónes de la Modernidad que Contribuyen al Estrés y la Inseguridad 24

3. Causas de la Ansiedad 29
    Factores Biológicos, Genéticos y Ambientales 30
    Exploración de los Desencadenantes Individuales y Colectivos 33

4. Ansiedad y Perfeccionismo 39
    La Relación entre la Búsqueda de la Perfección y la Ansiedad 40
    Estrategias para Lidiar con la Necesidad de ser Perfecto y sus Conexiones con la Ansiedad 47

5. Impactos en la Salud Mental 54
    Consecuencias Psicológicas de la Ansiedad 55
    Cómo la Ansiedad Afecta la Autoestima y la Confianza 59
    Efectos a Largo Plazo de la Ansiedad en Nuestra Salud Mental 65
    Estrategias para Mitigar los Impactos de la Ansiedad en la Salud Mental 81

6. Impactos en la Salud Física 112
Efeitos de la Ansiedad en Nuestro Cuerpo 113
Estrategias para Mitigar los Impactos Físicos de la Ansiedad 120

7. El Ciclo Vicioso de la Ansiedad 124
Entendimiento del Ciclo Autoperpetuante de la Ansiedad 125
Métodos para Romper el Ciclo y Promover la Recuperación 138

8. Estrategias de Autogestión 143
Estrategias Prácticas para Enfrentar Momentos de Alta Ansiedad 144
Técnicas de Respiración, Relajación y Mindfulness para Controlar la Ansiedad 147

9. Construcción de Resiliencia 154
La Naturaleza de la Resiliencia 155
Cómo Desarrolar la Resiliencia Emocional 155
Cómo Transformar la Adversidad en Crescimiento Personal 158

10. Estilo de Vida y Bienestar 171
Estrategias para Promover un Estilo de Vida más Saludable y Menos Ansioso 172
La Importancia de una Dieta Equilibrada y Ejercicios Físicos para Controlar la Ansiedad 175

11. Tecnología y Ansiedad 179
Impacto del Uso Excesivo de Tecnología en la Ansiedad .. 180
Estrategias para Equilibrar el Uso de la Tecnología y Reducir la Sobrecarga 183

12. Relaciones y Apoyo Social 187
La Influencia de las Relaciones en la Ansiedad 188
Estrategias para Cultivar Relacionamientos Saludables y Buscar Apoyo Emocional 191

13. Buscando Ayuda Profesional 196
Importancia de Buscar Ayuda Profesional..................... 197
Desmistificación de Tabúes Relacionados con la Terapia . 199

Conclusión 203
Acerca del Autor 205
Bibliografía 206

PRÓLOGO

Bienvenido a "Ansiedad S.A.", una invitación a adentrarse en los pasillos complejos de nuestro mundo interior, donde la ansiedad se manifiesta como un complejo rompecabezas de emociones, pensamientos y sensaciones. Aquí es donde comenzamos a desentrañar el tejido de esta experiencia humana universal, ofreciendo no sólo comprensión, sino estrategias tangibles para domar ese torbellino emocional.

Imagina este libro como una guía a través de los senderos sinuosos de la ansiedad. A veces, es un laberinto oscuro, pero siempre hay luz al final del túnel. Aquí, vamos en busca de esa luz, no sólo para disipar las sombras de la ansiedad, sino también para desmitificar lo que la rodea.

El recorrido comienza con el análisis de lo que es la ansiedad, ya que comprender a nuestro adversario es el primer paso para derrotarlo. Nos sumergiremos profundamente en sus manifestaciones, desde esas punzadas nerviosas hasta los pensamientos en espiral que parecen tener vida propia.

A continuación, nos embarcaremos en los caminos de la gestión y control de la ansiedad. Desde técnicas ancestrales de respiración hasta enfoques modernos de mindfulness, exploraremos estrategias que ofrecen alivio y calman el corazón en medio de la tormenta.

Pero no se trata sólo de sobrevivir a la ansiedad, sino de prosperar a pesar de ella. A lo largo de estas páginas, descubrirás cómo transformar la ansiedad en combustible para el crecimiento personal. Es una invitación a trascender y crecer, enfrentando los miedos de frente.

Prepárate para esta rica experiencia de autodescubrimiento. Ábrete a la posibilidad de una vida más ligera e iluminada, donde la ansiedad ya no sea una sombra oscura, sino una nube pasajera en el vasto cielo de la existencia humana. Estamos a punto de embarcarnos en este viaje juntos. Vamos a explorar, aprender y crecer. La ansiedad ya no será una prisión, sino una puerta a la liberación.

1
INTRODUCCIÓN AL UNIVERSO DE LA ANSIEDAD

Abre tu corazón al universo de la ansiedad, donde cada latido revela una historia de coraje y autodescubrimiento.

La ansiedad es una experiencia universal que todos nosotros, en algún momento de nuestras vidas, hemos enfrentado. Se manifiesta de diferentes formas e intensidades, desde la preocupación diaria por las responsabilidades hasta esa sensación abrumadora de aprensión antes de un evento importante. En los tiempos modernos, la ansiedad se ha convertido en una compañera constante para muchos, una presencia no deseada que influye en nuestras vidas de maneras profundas y, a menudo, debilitantes.

La ansiedad no es sólo un estado emocional; es una respuesta compleja y multifacética de nuestro organismo a situaciones percibidas como amenazantes o estresantes. Es una reacción natural y adaptativa que prepara nuestro cuerpo y mente para enfrentar desafíos. Sin embargo, cuando esa respuesta se vuelve excesiva, desproporcionada o persistente, deja de ser beneficiosa y comienza a obstaculizar nuestra calidad de vida y bienestar.

En este capítulo, iniciaremos nuestra exploración, con el objetivo de no sólo definir y comprender la ansiedad en su profundidad, sino también destacar su relevancia y frecuencia en las complejas redes de la vida moderna. Desvelaremos la naturaleza multifacética de la ansiedad, revelando sus manifestaciones variadas y muchas veces subestimadas. Al comprender su definición y alcance, estaremos mejor preparados para enfrentar los desafíos que presenta. Después de todo, es sólo al comprender la verdadera naturaleza del enemigo que podemos desarrollar las armas necesarias para superarlo.

COMPRENDIENDO LA ANSIEDAD

La ansiedad puede ser descrita como un estado emocional caracterizado por anticipación, nerviosismo y preocupación en relación al futuro. Es una respuesta emocional y fisiológica a una amenaza percibida, sea ella real o imaginaria. El cuerpo entra en estado de alerta, liberando hormonas como adrenalina y cortisol para preparar el organismo para la acción. Esa respuesta, conocida como "respuesta de lucha o huida", es esencial para nuestra sobrevivencia y nos ayuda a reaccionar a situaciones de peligro.

Sin embargo, en algunas circunstancias, esa respuesta puede ser activada sin un motivo real o fuera de proporción con la situación. Es aquí donde la ansiedad se convierte en un problema. Cuando experimentada de forma crónica o intensa, la ansiedad puede interferir en nuestra capacidad de funcionar en el día a día, perjudicando nuestros relacionamientos, nuestro trabajo y nuestra calidad de vida.

La Diversidad de las Manifestaciones de la Ansiedad

Una de las características más intrigantes de la ansiedad es su diversidad de manifestaciones. No se limita a una única experiencia o síntoma, sino que se presenta de varias maneras, cada una con sus matices y peculiaridades. Entender esa diversidad es esencial para reconocer cuando la ansiedad está presente en nuestras vidas.

Preocupación Excesiva: Una de las manifestaciones más comunes de la ansiedad es la preocupación excesiva. Esto implica un flujo constante y abrumador de pensamientos sobre eventos futuros, incluso si son situaciones comunes y cotidianas. La mente se convierte en una fábrica de senarios negativos, y la sensación de aprehensión es constante.

Tensión Muscular: Otro signo frecuente de la ansiedad es la tensión muscular. La ansiedad crónica puede llevar a rigidez, dolores o malestar físico debido a la constante tensión muscular. Esto puede manifestar como dolores de cabeza, dolores en las costas y hasta mesmos problemas digestivos.

Irritabilidad: La ansiedad también puede influenciar nuestras emociones, tornándonos más irritables e impacientes. Situaciones que normalmente no nos perturbarían pueden llevarnos a reacciones desproporcionadas debido al estado de tensión constante.

Inquietud: La sensación de inquietud es otra faceta de la ansiedad. Puede ser difícil relajarse, sentarse calmamente o enfocar en una tarea específica. La mente está siempre corriendo, y la persona puede sentir la necesidad de estar constantemente haciendo algo.

Dificultad de Concentración: La ansiedad también afecta nuestra capacidad de concentración. Quedarse enfocado en una tarea o absorber información puede ser una tarea ardua cuando la mente está repleta de preocupaciones.

Fatiga: Aunque sea paradoxal, la ansiedad puede causar fatiga intensa. La tensión física y emocional constante puede drenar nuestra energía, dejándonos cansados y sin motivación, incluso después de una noche de sueño adecuada.

Estas son sólo algunas de las muchas formas en que puede manifestarse la ansiedad. Es importante comprender que la ansiedad no es una experiencia uniforme, y las personas pueden vivirla de maneras diferentes. Puede ser una sombra discreta, flotando en el fondo de nuestras vidas, o una tormenta abrumadora que nos envuelve por completo.

La Pervasividade de la Ansiedad

Para comprender la relevancia de la ansiedad en la sociedad contemporánea, es crucial reconocer su omnipresencia. La ansiedad no conoce fronteras, afectando a personas de todas las edades, orígenes y estilos de vida. No hace distinción entre razas, géneros o status social. Es un fenómeno humano universal, una parte intrínseca de la experiencia humana.

Además, la ansiedad no está confinada a ningún sector específico de la sociedad. No hace distinción entre ricos y pobres, educados y no educados, urbanos y rurales. Está presente en todas las esferas de la sociedad contemporánea, desde estudiantes preocupados con su desempeño académico hasta ejecutivos bajo presión para alcanzar metas ambiciosas. La ansiedad es, por lo tanto, una preocupación que atraviesa todas las capas de la sociedad.

Como resultado, la ansiedad no es sólo un desafío individual, sino también un fenómeno social. Moldea nuestra cultura, influencia nuestras normas y afecta nuestros relacionamientos.

LA UBICUIDAD DE LA ANSIEDAD EN LA SOCIEDAD MODERNA

En los tiempos actuales, vivimos en un mundo cada vez más rápido y complejo. Las demandas de la vida cotidiana, la presión por el éxito, la conectividad constante a través de la tecnología y las incertidumbres del futuro contribuyen a un aumento significativo en los niveles de ansiedad. El estilo de vida moderno a menudo nos lleva a un estado de sobrecarga, donde el equilibrio entre el trabajo, el ocio y el autocuidado suele descuidarse.

La sociedad moderna nos impone una constante necesidad de destacarnos, de alcanzar metas ambiciosas y de mantener estándares elevados en todas las áreas de nuestras vidas. Las redes sociales, a pesar de conectarnos, también pueden desencadenar ansiedad a través de la comparación constante con los demás. Estamos siendo observados, evaluados y juzgados de varias maneras, 24 horas, lo que puede generar un miedo creciente a fallar o de no corresponder a las expectativas que se nos imponen.

La búsqueda del éxito, la competitividad exacerbada y la búsqueda de la perfección son realidades comunes en nuestras vidas modernas. Todas estas presiones pueden crear un ciclo de ansiedad que se retroalimenta, donde la necesidad de tener éxito y la aprensión de no alcanzar ese éxito generan un estado de estrés y ansiedad crónica.

En este escenario, la ansiedad a menudo asume el papel de un consejero molesto, una voz interior que nos cuestiona y nos incita a alcanzar más, a ser mejores, a corresponder a las expectativas, tanto las nuestras como las de los demás. Y así, la ansiedad se entrelaza con la búsqueda incesante del éxito y la evitación persistente del fracaso.

UNA INVITACIÓN A LA EXPLORACIÓN

Este libro es una invitación a explorar el complejo mundo de la ansiedad, entender sus raíces, sus efectos y sus formas de control. A lo largo de los próximos capítulos, analizaremos en detalle las causas de la ansiedad, los impactos en la salud mental y física, los desencadenantes comunes y, lo que es más importante, las estrategias y técnicas que pueden ayudarnos a enfrentar este desafío de forma positiva y eficaz.

Al ofrecer información, percepciones y herramientas prácticas, mi objetivo es capacitarte a reconocer y lidiar con la ansiedad de manera saludable. Vamos a construir juntos un camino hacia una vida equilibrada, donde la ansiedad no sea una barrera, sino una oportunidad de crecimiento y autodesarrollo.

2
SOCIEDAD EN RÁPIDA TRANSFORMACIÓN

En un mundo en constante mutación, encontramos fuerza en la adaptación y sabiduría en la evolución.

Adentrar el núcleo de la modernidad es como lanzarse a un baile vertiginoso, un movimiento incesante donde la sociedad se reinventa a cada paso. Vivimos en una era de transformaciones abrumadoras, un torbellino de cambios que barre nuestras vidas en todas las dimensiones. Mientras atestiguamos el escenario en constante evolución, somos desafiados a encontrar el equilibrio delicado entre la necesidad de adaptación y la preservación de nuestra salud mental y emocional. Es en ese escenario en movimiento que la ansiedad emerge como una compañera indeseada, una sombra que nos sigue en medio de esta caminata tumultuosa.

En este capítulo, te invitamos a sumergirte profundamente en el baile veloz de la modernidad, desentrañando los lazos intrincados entre las transformaciones sociales, tecnológicas y culturales, y la espiral creciente de ansiedad que esta aceleración induce. Cada paso, cada giro en este baile, deja marcas en nuestra psique colectiva. Es una coreografía que desafía la resistencia de nuestra mente y la flexibilidad de nuestro espíritu.

Las transformaciones sociales desencadenan oleadas de cambios culturales, que a su vez encuentran resonancia en la evolución tecnológica. Internet, las redes sociales y la inteligencia artificial moldean no sólo nuestras interacciones, sino también la forma en que percibimos la realidad e incluso a nosotros mismos. Sin embargo, este avance frenético tiene su precio, y la ansiedad se convierte en un eco constante en medio de este progreso. Se infiltra en nuestras vidas, alimentada por las incertidumbres y el ritmo acelerado de este baile de la modernidad.

Vamos a aprender a bailar con la modernidad, a encontrar la armonía entre la velocidad de los cambios y la paz interior, y a transformar este baile vertiginoso en un movimiento de resiliencia y crecimiento.

IMPACTO DE LOS CAMBIOS SOCIALES, TECNOLÓGICOS Y CULTURALES EN EL INCREMENTO DE LA ANSIEDAD

Los cambios sociales, tecnológicos y culturales que caracterizan la modernidad tienen un profundo impacto en el aumento de los niveles de ansiedad en nuestra sociedad contemporánea. Vamos a explorar en detalle cada una de estas dimensiones para entender la complejidad de esta interacción y sus consecuencias en la salud mental.

Transformaciones Sociales

La sociedad está en constante transformación, y los cambios sociales son uno de los principales impulsores de la ansiedad. A medida que las antiguas estructuras y normas se desafían y se redefinen, surge una sensación de incertidumbre e inestabilidad. La revolución de los roles de género, la diversidad, la migración masiva y otros fenómenos sociales generan una complejidad adicional a las interacciones humanas.

Esta interacción entre los individuos y la sociedad en evolución puede resultar en ansiedad, especialmente para aquellos que se sienten perdidos o sobrecargados por el ritmo de los cambios sociales. La presión para adaptarse a nuevas normas y expectativas puede conducir a una sensación de inadecuación, contribuyendo a la ansiedad.

La Revolución Tecnológica

La revolución tecnológica, al tiempo que proporciona una conectividad sin precedentes, también introduce un conjunto de desafíos emocionales y mentales. El uso extensivo de dispositivos electrónicos y la presencia constante en línea pueden conducir a una sobrecarga de información y a la sensación de estar siempre "conectado".

Además, las redes sociales crean un ambiente propicio para la comparación constante con los demás, lo que lleva a un aumento de la ansiedad social. La necesidad de mantener una imagen idealizada en línea puede generar una presión intensa para ser percibido de forma positiva por los demás, lo que resulta en ansiedad de rendimiento.

Cambios Culturales

Los cambios culturales son una parte integral de la dinámica de la sociedad moderna, moldeando nuestras percepciones, comportamientos e interacciones. La cultura contemporánea está en constante evolución, y esta transformación tiene implicaciones profundas en la forma en que percibimos y vivimos la vida, lo que, a su vez, influye en nuestra salud mental.

Una de las características más notables de los cambios culturales es la transición de una mentalidad colectiva a una cultura más centrada en el individuo. La valoración de la autonomía y la búsqueda de la realización personal se ha convertido en una narrativa dominante. Aunque esto ha traído libertad y empoderamiento, también ha creado una presión adicional sobre cada individuo.

La idea de "realización personal" puede generar ansiedad, ya que los individuos se sienten presionados a alcanzar estándares elevados y cumplir con las expectativas no sólo de la sociedad, sino también de sí mismos. La búsqueda incesante de alcanzar metas y objetivos personales a menudo puede resultar en una sensación constante de insatisfacción y, en consecuencia, ansiedad.

La cultura contemporánea también está profundamente arraigada en la búsqueda del consumo y la adquisición constante de nuevas experiencias. Vivimos en una sociedad que promueve la idea de que adquirir más cosas y buscar nuevas experiencias nos llevará a la felicidad y la satisfacción plena.

Sin embargo, esta búsqueda incesante y a menudo irreal de un estado ideal de vida puede generar ansiedad. La sensación de insatisfacción crónica, derivada de la cultura del consumo, puede conducir a un ciclo de ansiedad, ya que nunca nos sentimos plenamente satisfechos con lo que tenemos o logramos. Esto puede crear una presión constante para adquirir más y alcanzar un estándar inalcanzable de "felicidad".

Los cambios culturales también influyen en nuestras relaciones interpersonales y nuestro sentido de comunidad. Vivimos en una era en la que las relaciones se median con frecuencia por la tecnología y en la que las conexiones físicas pueden ser reemplazadas por interacciones digitales. Esto tiene un impacto profundo en nuestra percepción de pertenencia y soledad.

La redefinición de los lazos sociales puede generar ansiedad, especialmente para aquellos que se sienten desconectados o aislados en medio de esta transformación. La presión para mantener una presencia en línea idealizada puede crear un sentido de inautenticidad y contribuir a la ansiedad social.

Estos cambios culturales, que promueven la individualidad, el consumo y la redefinición de nuestras relaciones, están interconectados e influyen en nuestras experiencias cotidianas. Al comprender el papel que la cultura desempeña en la ansiedad moderna, podemos desarrollar estrategias eficaces para enfrentar este desafío, promoviendo un enfoque más equilibrado y saludable para la vida contemporánea.

Intersección y Conexión

La intersección y la conexión entre las dimensiones de los cambios sociales, tecnológicos y culturales crean un ambiente complejo que influye significativamente en nuestra salud mental y emocional. Esta sinergia amplifica los efectos de estos cambios, resultando en un impacto acumulativo en el aumento de la ansiedad en la sociedad contemporánea.

Las transformaciones sociales, tecnológicas y culturales están intrínsecamente entrelazadas, formando una red compleja de influencias. Las transformaciones sociales moldean las interacciones humanas, y las innovaciones tecnológicas afectan directamente la forma en que nos comunicamos, trabajamos y relacionamos. Estas transformaciones son amplificadas por las evoluciones culturales que redefinen nuestros valores, expectativas y aspiraciones.

La rápida evolución tecnológica, por ejemplo, afecta directamente nuestras interacciones sociales. El uso extensivo de dispositivos electrónicos y redes sociales muchas veces puede conducir a la disminución de la calidad y la profundidad de las relaciones interpersonales, impactando negativamente nuestro bienestar emocional.

Esta interconexión e interdependencia de los cambios modernos generan un impacto acumulativo sobre la ansiedad. El individuo contemporáneo, constantemente inmerso en este ambiente de cambios rápidos e interconectados, a menudo enfrenta un estado de ansiedad crónica.

Comprender esta interconexión es fundamental para abordar la ansiedad de manera eficaz. Las estrategias de afrontamiento e intervenciones deben considerar la compleja interacción entre todos estos aspectos. Es un desafío encontrar un equilibrio entre aprovechar los beneficios de estos cambios y mitigar los impactos negativos en nuestra salud mental y emocional.

La búsqueda de este equilibrio es crucial para promover una aproximación más saludable y sostenible a la vida contemporánea. Debemos aprender a usar la tecnología de forma consciente, a abrazar los cambios sociales de manera equitativa y a cuestionar y redefinir constantemente nuestros valores culturales. Sólo a través de este equilibrio y de la comprensión de la interconexión entre estas dimensiones, podremos enfrentar la ansiedad de manera holística y buscar una vida equilibrada y gratificante en la era moderna.

PRESIÓNES DE LA MODERNIDAD QUE CONTRIBUYEN AL ESTRÉS Y LA INSEGURIDAD

La modernidad ha traído consigo una serie de avances y beneficios para la sociedad, pero también ha traído presiones únicas que pueden contribuir al estrés y la inseguridad en las vidas de las personas. Vamos a explorar estas presiones en detalle para entender cómo afectan la salud mental y emocional en el mundo contemporáneo.

Una de las presiones más apremiantes de la modernidad es la rapidez con la que las cosas cambian. La tecnología avanza a un ritmo exponencial, las expectativas sociales y profesionales están siempre en aumento y la vida cotidiana se ha vuelto increíblemente acelerada. Esta rápida transformación crea una constante necesidad de adaptación y aprendizaje, lo que puede generar estrés crónico, a medida que las personas luchan por seguir el ritmo.

Las expectativas crecientes en todos los aspectos de la vida, desde el desempeño en el trabajo hasta las interacciones sociales y la búsqueda de la felicidad personal, pueden crear una presión constante para cumplir con estándares a menudo inalcanzables, lo que lleva a un ciclo de estrés y ansiedad.

Vivimos en la era de la información, donde somos inundados por una cantidad sin precedentes de datos y contenidos a través de Internet y las redes sociales. Aunque esto ofrece oportunidades valiosas, también genera sobrecarga de información. Intentar procesar y asimilar todo este flujo constante de datos puede ser abrumador, lo que lleva a un estado de ansiedad e inseguridad sobre nuestra comprensión del mundo.

Además, la dependencia de la tecnología para la comunicación y las tareas diarias puede crear una sensación de inseguridad cuando estamos desconectados o cuando nuestra privacidad se ve comprometida. El miedo a quedar "desconectado" puede contribuir a la ansiedad.

La modernidad a menudo promueve una cultura de competencia y comparación constante. En las esferas profesional y personal, las personas a menudo se ven en una carrera incesante para alcanzar metas, adquirir bienes materiales y alcanzar estándares de vida elevados. La exposición constante a las conquistas y estilos de vida aparentemente ideales de otros, amplificada por las redes sociales, puede crear una presión para competir y compararse, lo que lleva a una sensación de inadecuación y estrés crónico.

Esta cultura competitiva también puede afectar la salud mental, ya que las personas se sienten constantemente evaluadas por los demás y por la sociedad, lo que resulta en una búsqueda incesante de validación y aceptación.

La nueva realidad exige una dedicación extrema a la vida profesional, con jornadas de trabajo largas y la constante conectividad a Internet. El equilibrio entre la vida profesional y personal puede convertirse en una búsqueda ardua, generando estrés debido a la presión para cumplir con las demandas en ambas esferas.

La falta de tiempo para actividades de ocio, autocuidado y descanso adecuado contribuye al estrés crónico y la ansiedad. La incapacidad de desconectarse del trabajo puede llevar a un estado de estrés constante, impactando negativamente en la salud mental.

Estas presiones de la modernidad están interconectadas y representan desafíos significativos para la salud mental y emocional. Es crucial buscar un equilibrio entre aprovechar los avances y beneficios que la modernidad ofrece, mientras se desarrollan estrategias eficaces para mitigar el estrés y la inseguridad que acompañan a este estilo de vida acelerado y exigente.

A medida que concluimos esta exploración sobre la sociedad en rápida transformación, queda claro que estamos inmersos en una era de cambios vertiginosos. La danza de la modernidad es compleja, desafiante y, a menudo, abrumadora. Las transformaciones sociales, tecnológicas y culturales están intrínsecamente entrelazadas, creando un escenario que influye de manera significativa en nuestra salud mental y emocional. Las presiones de la modernidad son reales y sus ramificaciones en la ansiedad son palpables.

Sin embargo, este capítulo también nos invita a encontrar el equilibrio entre la adaptación a este ritmo frenético y la preservación de nuestra salud mental. Al comprender la interconexión de estos cambios y su impacto acumulativo, estamos en una posición mejor para enfrentar los desafíos que la modernidad nos presenta.

Nuestro objetivo ahora es explorar las raíces y los fundamentos de la ansiedad en un nivel más profundo. Es hora de investigar las causas subyacentes que contribuyen a esta ansiedad generalizada en la sociedad contemporánea.

Al adentrarnos en el terreno de la ansiedad, es imperativo comprender las raíces profundas de este fenómeno complejo. La ansiedad no es una emoción aislada; es un eco de diversas influencias y experiencias que moldean nuestra vida diaria. El siguiente capítulo tiene como objetivo iluminar las causas multifacéticas que desencadenan y alimentan la ansiedad en nuestras vidas. Vamos a desentrañar las capas de esta compleja emoción y descubrir maneras de restaurar la calma y el equilibrio en medio de este desafío contemporáneo.

3

CAUSAS DE LA ANSIEDAD

En las raíces de la ansiedad, encontramos la fuente, pero también la semilla de la superación.

En la compleja trama de la experiencia humana, la ansiedad emerge como una pieza central. Es una emoción que puede manifestarse de maneras diversas, desde un susurro suave de aprensión hasta un rugido ensordecedor de terror.

En el corazón de las causas de la ansiedad están los mecanismos biológicos de nuestro cuerpo, donde la danza de las moléculas y señales eléctricas en el cerebro dicta nuestra respuesta emocional. Nuestros genes, los bloques de construcción de nuestra existencia, también desempeñan un papel en nuestra propensión a la ansiedad. Pero la ansiedad no se limita a las entrañas de la biología; se manifiesta en nuestra psique, moldeada por nuestras experiencias pasadas, nuestros patrones de pensamiento y nuestras características de personalidad.

Sin embargo, la ansiedad no es una entidad solitaria. Es influenciada por nuestro entorno, por las tensiones sociales de nuestra era moderna y por el modo de vida que elegimos. El estrés constante, las presiones sociales implacables y la incesante ola de información en la era digital se han convertido en parte integral de nuestro día a día, desempeñando un papel vital en la amplificación de la ansiedad. Estas influencias se entrelazan, creando una sinfonía discordante de ansiedad en nuestras vidas.

A medida que desciframos esta compleja red de causas, se hace evidente que la ansiedad no es una mera consecuencia de nuestras acciones o del azar; es una respuesta intrincada a un conjunto intrincado de influencias. La ansiedad puede verse como un eco de nuestra biología, de nuestras interacciones sociales y de nuestras experiencias de vida. Se manifiesta en todos los aspectos de nuestro ser, desde los circuitos de nuestro cerebro hasta los escenarios de nuestra vida diaria.

En este capítulo, desciframos cada una de estas causas, exploraremos sus matices y entenderemos cómo contribuyen a la compleja tapicería de la ansiedad. Después de todo, comprender las causas es el primer paso crucial para desarrollar estrategias de afrontamiento eficaces.

FACTORES BIOLÓGICOS, GENÉTICOS Y AMBIENTALES

La ansiedad es un fenómeno resultante de una interacción compleja de factores biológicos, genéticos y ambientales. La comprensión de estas influencias es esencial para desarrollar estrategias de manejo y tratamiento más eficaces, con el objetivo de abordar la ansiedad de manera holística. Vamos a profundizar nuestro entendimiento sobre cada uno de estos factores fundamentales.

Factores Biológicos

La ansiedad tiene una base biológica sólida, siendo el cerebro el epicentro del procesamiento de esta emoción. Los neurotransmisores, como la serotonina, la noradrenalina y el GABA, desempeñan papeles cruciales. La serotonina, por ejemplo, está ligada a la regulación del humor y las emociones. El desequilibrio de estos neurotransmisores puede llevar a una respuesta ansiogênica desproporcionada, característica de los trastornos de ansiedad.

Además de los neurotransmisores, el sistema nervioso central, especialmente el cerebro y la médula espinal, tienen un papel crucial en la regulación de la ansiedad. Partes específicas del cerebro, como la amígdala y el córtex prefrontal, están particularmente involucradas en el procesamiento y la respuesta a la ansiedad.

El cortisol, una hormona liberada en respuesta al estrés, desempeña un papel significativo en el desarrollo de los trastornos de ansiedad. Niveles crónicamente elevados de cortisol pueden afectar la salud mental, aumentando la sensibilidad al estrés y la probabilidad de experimentar ansiedad.

Factores Genéticos

La ansiedad, como muchos aspectos de nuestra salud, tiene una intrincada conexión con nuestra genética. Estudios revelan que la ansiedad tiene una base genética significativa. La predisposición para los trastornos de ansiedad puede ser heredada genéticamente, llevando consigo una herencia que influye en la vulnerabilidad individual.

Ciertos genes tienen un papel crucial en este proceso, moldeando la manera en que nuestro cerebro funciona y regula nuestras emociones.

Un historial familiar de trastornos de ansiedad puede, por lo tanto, aumentar la probabilidad de que alguien desarrolle ansiedad. Genes específicos que están involucrados en la regulación de los neurotransmisores, la respuesta al estrés y la regulación emocional pueden transmitirse de generación en generación. Estos genes moldean nuestra reactividad a situaciones de estrés y desafíos emocionales, influenciando directamente nuestra susceptibilidad a la ansiedad.

Factores Ambientales

Sin embargo, la ansiedad no es una historia escrita sólo en los genes; es una narrativa compleja y multifacética que también tiene en cuenta el ambiente que nos rodea. Nuestras experiencias y exposiciones ambientales desempeñan un papel fundamental en moldear la ansiedad que sentimos.

Estar expuesto a situaciones de alta presión, entornos tóxicos o eventos traumáticos puede servir como un gatillo para la ansiedad. El impacto del ambiente no puede ser subestimado, ya que experiencias como traumas, abusos, inestabilidad familiar, violencia o incluso desastres naturales pueden tener efectos profundos y duraderos en nuestra salud mental.

Así, la ansiedad es una interacción compleja entre nuestra predisposición genética y las experiencias que vivimos. Es como una danza delicada entre nuestros genes y el mundo que nos rodea, una danza que moldea la experiencia única de ansiedad de cada persona. Comprender esta interconexión nos ayuda a abordar la ansiedad de manera más holística y eficaz.

EXPLORACIÓN DE LOS DESENCADENANTES INDIVIDUALES Y COLECTIVOS

La ansiedad, compleja y multifacética, puede ser desencadenada por una variedad de factores, tanto a nivel individual como colectivo. Estos desencadenantes desempeñan un papel fundamental en el surgimiento y la intensidad de los síntomas de ansiedad. Vamos a explorar en profundidad los aspectos individuales y colectivos que contribuyen a esta respuesta emocional.

Desencadenantes Individuales

La ansiedad, una respuesta compleja del cuerpo y mente a estímulos externos o internos, puede ser desencadenada por diversos factores. Vamos a explorar más detalladamente los desencadenantes individuales, que se originan a nivel personal y tienen un impacto significativo en la manifestación de la ansiedad.

Condiciones de salud mental coexistentes: Trastornos de salud mental, como depresión, trastorno bipolar o trastorno de estrés postraumático, pueden estar interconectados con la ansiedad. La presencia de una condición puede agravar la ansiedad y viceversa, creando un ciclo complejo.

Personalidad: Ciertas características de personalidad, como perfeccionismo, timidez excesiva y tendencias controladoras, pueden estar asociadas a un mayor riesgo de desarrollar trastornos de ansiedad.

Traumas y experiencias personales: Traumas y experiencias pasadas son gatillos potentes para la ansiedad. Eventos traumáticos, especialmente en la infancia, pueden crear un terreno fértil para el desarrollo de trastornos de ansiedad más tarde en la vida. Estos eventos pueden dejar marcas profundas en nuestra psique, llevando a una respuesta exagerada de ansiedad en situaciones similares.

Fobias y miedos específicos: Las fobias son desencadenantes comunes de ansiedad. El miedo intenso e irracional de situaciones u objetos específicos, como las alturas, las arañas, volar, entre otros, puede derivar en altos niveles de ansiedad ante estos elementos.

Estilo de pensamiento y patrones cognitivos: La forma en que pensamos también es un factor crucial. Patrones de pensamiento negativos, como catastrofización (anticipar siempre lo peor), generalización (extrapolar un evento negativo para todas las situaciones) y pensamiento polarizado (ver todo como blanco o negro, sin término medio), pueden contribuir a la ansiedad crónica.

Expectativas y presiones personales: Presiones para cumplir con las expectativas personales y sociales, como alcanzar metas profesionales, mantener estándares elevados de rendimiento o cumplir determinados roles sociales, pueden desencadenar ansiedad. La preocupación por el fracaso o con la no aceptación puede ser intensa.

Condiciones de salud física: Condiciones de salud física, como problemas cardíacos, problemas respiratorios o enfermedades crónicas, pueden desencadenar ansiedad. La preocupación por la salud y la sensación de falta de control sobre el cuerpo pueden llevar a un aumento de la ansiedad.

Consumo de sustancias: El uso de sustancias como alcohol, drogas ilícitas o ciertos medicamentos puede desencadenar ansiedad. Algunas sustancias pueden afectar el equilibrio químico del cerebro, llevando a síntomas de ansiedad.

Cada persona tiene una combinación única de desencadenantes individuales que influyen en su ansiedad. La comprensión de estos factores es vital para un manejo eficaz de la ansiedad.

Desencadenantes Colectivos

Los desencadenantes colectivos de la ansiedad son factores que operan a nivel social, cultural o de grupo, ejerciendo una influencia significativa sobre la ansiedad experimentada por una comunidad o sociedad. Vamos a profundizar nuestra comprensión sobre estos desencadenantes, destacando su interconexión con la salud mental y emocional colectiva.

Eventos sociales y culturales traumáticos: La ocurrencia de eventos traumáticos en una sociedad, como guerras, terrorismo, desastres naturales o epidemias, puede generar ansiedad en masa. La incertidumbre, el miedo a lo desconocido y la sensación de inseguridad resultantes de estos eventos pueden provocar ansiedad generalizada en la población.

Presiones de la sociedad moderna: La sociedad moderna, a menudo centrada en el éxito, la competitividad y los estándares de perfección, puede generar ansiedad en muchos individuos. La constante presión para alcanzar metas profesionales, cumplir expectativas sociales y mantener una imagen pública aceptable puede crear un ambiente ansioso y estresante.

Estresores económicos: La inestabilidad económica, el desempleo, las deudas y las preocupaciones financieras afectan a una parte significativa de la población. La incertidumbre sobre el futuro financiero y la presión para mantener un nivel de vida pueden llevar a altos niveles de ansiedad en una comunidad.

Presiones culturales: Ciertas culturas pueden imponer presiones específicas que contribuyen a la ansiedad. Expectativas culturales relacionadas con el matrimonio, los hijos, los roles de género o el éxito profesional pueden generar ansiedad en las personas que se sienten incapaces de cumplir con esas expectativas.

Estigma y discriminación: La discriminación racial, de género, orientación sexual o social puede causar ansiedad colectiva en grupos marginados. El estigma social y la exclusión pueden generar un ambiente de ansiedad persistente en estas comunidades.

Presiones educativas: Los sistemas educativos competitivos pueden ser desencadenantes significativos de ansiedad, especialmente en estudiantes. Las expectativas de rendimiento, la competencia constante y la presión para tener éxito académico pueden conducir a altos niveles de ansiedad.

Normas sociales y conductuales: Las normas sociales estrictas o las expectativas conductuales pueden generar ansiedad en las personas que no se conforman o que temen el rechazo social por ser diferentes. La necesidad de encajar en ciertos patrones puede generar ansiedad a gran escala.

Es fundamental reconocer que estos factores no operan de forma aislada. Están interconectados y pueden reforzarse mutuamente. Por ejemplo, el estrés crónico puede afectar negativamente a la neuroquímica del cerebro, y los patrones de pensamiento negativos pueden surgir como resultado del estrés prolongado.

Exposición a los medios sociales y a las noticias: La exposición constante a noticias negativas, desastres y tragedias a través de los medios sociales y otros medios de comunicación puede contribuir a la ansiedad colectiva. El impacto emocional de la sobrecarga de información y la comparación constante con otras personas pueden amplificar la ansiedad.

Los desencadenantes colectivos de la ansiedad reflejan la interacción compleja entre individuos y sociedad. Ilustran cómo la cultura, la economía, las normas sociales y otros factores sociales pueden influir en la salud mental de una comunidad. La comprensión de estas influencias sociales es fundamental para construir un mundo en el que la ansiedad se comprenda y se trate de forma holística y sensible a las necesidades colectivas.

En este capítulo, exploramos las complejidades de los factores biológicos, genéticos y ambientales que contribuyen a la espiral de la ansiedad. Ahora, es el momento de centrar nuestra atención en una de las facetas más prominentes y desafiantes de la ansiedad en la sociedad moderna: el perfeccionismo. En el siguiente capítulo, entraremos en el universo del perfeccionismo y desvelaremos cómo está intrínsecamente ligado a la ansiedad, y cómo podemos encontrar un equilibrio saludable entre la búsqueda de la excelencia y nuestra salud mental.

La caminata hacia la comprensión de la ansiedad continúa, con la esperanza de que cada paso nos lleve más cerca de una vida plena y gratificante, libre de las ataduras de la ansiedad.

4

ANSIEDAD Y PERFECCIONISMO

Desafía el perfeccionismo, celebra el progreso, y libérate de las cadenas de la expectativa infinita.

La búsqueda incesante de la perfección, una búsqueda que recorre los pasillos de nuestras ambiciones y expectativas, es una danza intrincada y a menudo angustiante que muchos de nosotros ejecutamos en nuestras vidas. Es una danza que comienza con el deseo noble de alcanzar la excelencia, pero que puede rápidamente convertirse en una trampa emocional, enredándonos en un ciclo implacable de ansiedad.

En el corazón de esta búsqueda está el perfeccionismo, un atributo que puede ser tanto un amigo como un enemigo. En su forma más noble, el perfeccionismo puede motivarnos a buscar lo mejor de nosotros mismos, a buscar la maestría y perfeccionar nuestras habilidades. Sin embargo, en su forma más desafiante, se convierte en una camisa de hierro que sofoca la autoaceptación, que nos hace rehenes de patrones imposiblemente altos y nos sumerge en un océano de ansiedad.

Este capítulo es una exploración profunda de esta interconexión entre ansiedad y perfeccionismo. Iremos desvelando las raíces de este deseo insaciable por la perfección y cómo es, a menudo, el precursor silencioso de la ansiedad que nos atormenta. Examinaremos los orígenes profundos, los patrones de pensamiento que lo alimentan y las trampas emocionales que nos enredan cuando nos esforzamos implacablemente por la excelencia.

A medida que nos sumergimos en esta exploración, abordaremos estrategias eficaces para enfrentar y reorientar el perfeccionismo de una manera más saludable. Vamos a aprender a bailar con la búsqueda de la excelencia sin perdernos en la coreografía de la ansiedad. Después de todo, es posible buscar la maestría sin dejar nuestra salud mental atrás. Es posible redefinir el significado de la perfección, abrazando nuestra humanidad y celebrando el progreso sobre la perfección.

LA RELACIÓN ENTRE LA BÚSQUEDA DE LA PERFECCIÓN Y LA ANSIEDAD

La relación entre la búsqueda de la perfección y la ansiedad es una compleja y a menudo conflictiva interacción entre nuestros deseos de alcanzar altos estándares y la presión psicológica que esa búsqueda ejerce sobre nosotros. Vamos a explorar más profundamente esta relación, desvelándonos los mecanismos psicológicos que la alimentan.

Idealización y Presión Interna

La idealización comienza con la creación de un patrón ideal en nuestras mentes, a menudo inalcanzable e irreal. Imaginamos la persona perfecta que queremos ser, las metas perfectas que queremos alcanzar y la vida perfecta que queremos vivir.

Esta visión idealizada crea una presión interna abrumadora. Sentimos una necesidad intensa de alcanzar esos patrones a toda costa, y eso puede llevar a una ansiedad constante. Cuanto más nos esforzamos por alcanzar esa perfección imaginaria, más ansiosos nos volvemos. El miedo constante a no estar a la altura de esas expectativas inalcanzables nos acecha a diario.

Esta presión interna puede resultar en una variedad de consecuencias para nuestra salud mental. Desde altos niveles de estrés y ansiedad hasta sentimientos de inadecuación y baja autoestima. La constante lucha para cumplir con esos patrones puede afectar nuestra felicidad y satisfacción con la vida.

Para combatir esta trampa de la idealización y presión interna, es vital desarrollar una perspectiva más realista y compasiva sobre nosotros mismos. Esto incluye aceptar nuestras imperfecciones y entender que el progreso es más importante que la perfección. Aprender a valorar nuestras jornadas y conquistas, por menores que sean, es esencial para aliviar esa presión implacable y vivir una vida más equilibrada y feliz.

Miedo al Juicio y Rechazo Social

El perfeccionismo a menudo tiene sus raíces en el temor al juicio negativo por parte de los demás. En una sociedad donde la imagen que proyectamos es altamente valorada, cualquier desviación de esa imagen idealizada es a menudo vista como un fracaso.

Ese miedo constante a ser evaluado y criticado por los demás puede llevar a una ansiedad paralizante. El temor a no corresponder a las expectativas de la sociedad o de ser visto como menos que perfecto puede impedirnos actuar de forma auténtica. Podemos sentir una presión abrumadora para ocultar nuestras imperfecciones e inseguridades, resultando en una representación distorsionada de nosotros mismos.

Esta ansiedad en relación al juicio social puede impactar profundamente nuestra salud mental. Puede llevar a un ciclo vicioso de autoexigencia, donde buscamos atender a estándares inalcanzables para evitar el juicio ajeno. Esto, a su vez, puede aumentar los niveles de estrés y ansiedad, perjudicando nuestra autoestima y bienestar emocional.

Para superar ese miedo paralizante, es esencial trabajar en la aceptación de nuestra autenticidad. Esto implica valorar nuestra verdadera esencia, incluyendo nuestras fallas e imperfecciones, y reconocer que es imposible agradar a todos. Desarrollar confianza en uno mismo y aprender a no depender excesivamente de la validación externa son pasos cruciales para romper con el ciclo del miedo al juicio y el rechazo social.

Autoexigencia

La autoexigencia es la búsqueda constante de la perfección, la necesidad de alcanzar objetivos ambiciosos y ser impecable en todo lo que hacemos. Ese deseo de excelencia puede convertirse en una fuente de ansiedad considerable.

Al establecer estándares muy altos, creamos una constante presión interna para alcanzar esas expectativas elevadas. Queremos ser los mejores, tanto profesionalmente como personalmente, y, a menudo, no nos permitimos fallar o cometer errores. Esa rigidez en relación a nosotros mismos puede llevar a una carga excesiva de estrés y ansiedad.

El miedo a no alcanzar nuestras propias expectativas puede convertirse en una fuente debilitante de ansiedad. Sentimos una presión constante para ser perfectos y, cuando no alcanzamos ese ideal, podemos sentirnos inadecuados e insuficientes. Ese ciclo de autoexigencia y ansiedad puede ser altamente perjudicial para nuestra salud mental.

Para lidiar con la autoexigencia y sus impactos en la ansiedad, es esencial reevaluar y reajustar nuestras expectativas. Necesitamos aprender a ser compasivos con nosotros mismos, aceptando que somos humanos y, por lo tanto, susceptibles a fallas e imperfecciones. Es importante establecer metas realistas y alcanzables, reconociendo que el progreso es más importante que la perfección.

Además, desarrollar una mentalidad de crecimiento, en la que vemos los desafíos como oportunidades de aprendizaje y crecimiento, puede ayudarnos a lidiar con la autoexigencia de forma más saludable. Buscar apoyo de un profesional de salud mental también puede ser fundamental para aprender estrategias eficaces para manejar la autoexigencia y reducir la ansiedad asociada a ella.

Comparación y Competencia Desenfrenadas

La comparación constante con los demás y la competencia desenfrenada pueden tener efectos significativos en nuestra salud mental y emocional. La era digital y la proliferación de las redes sociales han traído un nuevo escenario en el que las personas comparten sus logros, viajes, realizaciones profesionales y aspectos positivos de sus vidas de forma pública. La exposición constante a esta información puede crear una sensación de presión para que nosotros también alcancemos esos estándares o superemos los logros de los demás.

El acto de compararse con los demás es natural y, en muchos casos, puede servir como un impulso para esforzarnos y alcanzar nuestros objetivos. Sin embargo, cuando esa comparación se vuelve obsesiva y constante, puede llevar a altos niveles de ansiedad y estrés. Medimos nuestra propia valía y éxito por los estándares que vemos en los demás, muchas veces olvidando que cada persona tiene su propio camino y circunstancias únicas.

La competencia desenfrenada surge de esa comparación constante, donde sentimos la necesidad de no sólo seguir el ritmo de los demás, sino de superarlos. Esto puede resultar en un ciclo de esfuerzo excesivo, ansiedad y, a veces, desgaste emocional. La necesidad de destacarse y ser percibido como exitoso en la sociedad puede contribuir a una sensación constante de inadecuación y ansiedad.

Para lidiar con este patrón, es esencial practicar la conciencia y la aceptación de que cada persona tiene su propia jornada y sus propios desafíos. Es importante reconocer que los logros de los demás no disminuyen nuestros propios logros. Centrarse en metas personales realistas y valorar el progreso individual puede ayudar a aliviar la presión de la comparación y la competencia desenfrenadas.

Además, limitar la exposición a las redes sociales y cultivar una mentalidad de gratitud por lo que tenemos y conquistamos puede contribuir a un mayor equilibrio emocional. Buscar apoyo de un profesional de salud mental también puede ser útil para desarrollar estrategias eficaces para lidiar con la ansiedad generada por esa comparación constante y competencia desenfrenada en la sociedad actual.

Sensación de Falta de Control

La búsqueda de la perfección a menudo está enraizada en la creencia ilusoria de que, si podemos controlar cada variable en nuestras vidas y alcanzar estándares ideales, tendremos una vida perfectamente bajo control. La percepción equivocada es que, al alcanzar esa perfección, seremos inmunes a contratiempos, fallas o situaciones imprevisibles.

Sin embargo, la realidad es que no podemos controlar todos los aspectos de la vida. La vida es inherentemente incierta e imperfecta. Eventos inesperados, cambios de circunstancias y desafíos inesperados son parte integral de la existencia humana. La sensación de falta de control surge cuando percibimos la inevitabilidad e imprevisibilidad de la vida, incluso cuando estamos comprometidos con alcanzar la perfección.

Esa búsqueda desenfrenada por la perfección es, a menudo, un intento de compensar esa falta de control percibida. Creemos erróneamente que, al alcanzar un estado de perfección en diferentes áreas de nuestras vidas, podremos dominar todas las eventualidades y garantizar que todo salga conforme lo planeado. Esa ilusión crea una presión insoportable para alcanzar estándares inalcanzables.

La sensación de falta de control, alimentada por la búsqueda por la perfección, puede llevar a altos niveles de ansiedad. El miedo a perder el control, a no alcanzar los estándares establecidos y a enfrentar fallas puede volverse debilitante. La ansiedad surge de la tentativa constante de anticipar y mitigar todos los posibles contratiempos, lo que es imposible de hacer en un mundo complejo e impredecible.

Lidiar con esa sensación de falta de control requiere un cambio de mentalidad. Es importante aceptar la naturaleza impredecible de la vida y aprender a tolerar la incertidumbre. Aceptar que no podemos controlar todo es un paso crucial para aliviar la ansiedad asociada a la búsqueda por la perfección. Aprender a adaptarse y a lidiar con lo inesperado de manera saludable y equilibrada puede promover una mejor salud mental y emocional.

La interacción entre la búsqueda por la perfección y la ansiedad es un ciclo de expectativas elevadas, miedo constante de fallar, autoexigencia, comparación incesante y una sensación de que nunca es suficiente. Es crucial reconocer que la perfección es un miraje inalcanzable y, en lugar de eso, buscar la excelencia, el progreso y la autenticidad. Aceptar nuestras imperfecciones y valorar la jornada es un paso crucial para aliviar la ansiedad que surge de esa búsqueda incansable por la perfección.

ESTRATEGIAS PARA LIDIAR CON LA NECESIDAD DE SER PERFECTO Y SUS CONEXIONES CON LA ANSIEDAD

Lidiar con la necesidad de ser perfecto y sus conexiones con la ansiedad es un proceso desafiante, pero es fundamental para promover el bienestar mental y emocional. Vamos a explorar estrategias prácticas y eficaces para enfrentar este patrón de perfeccionismo y aliviar la ansiedad asociada.

Identificación y Conciencia

El primer paso es reconocer que estás atrapado en el ciclo del perfeccionismo y la ansiedad que genera. Sé consciente de los estándares rígidos que te impones a ti mismo y de las presiones que sientes para ser perfecto en todos los aspectos de la vida. La autoconciencia es el punto de partida crucial para el cambio.

Practicar la Aceptación de la Imperfección

Aceptar que la perfección es una meta irrealizable y que es natural cometer errores es el primer paso para aliviar la ansiedad asociada al perfeccionismo. Abrazar nuestras imperfecciones nos permite vivir con menos presión y juicio constante. Son consideraciones adicionales:

Humanidad compartida: Recuerda que todos, sin excepción, cometen errores y enfrentan desafíos. La imperfección es parte de la experiencia humana. Reconocerlo puede ayudar a reducir la presión de ser perfecto.

Reencuadre de los errores: En lugar de ver los errores como fracasos, enfréntalos como oportunidades de crecimiento. Cada error contiene lecciones valiosas que pueden mejorar tu desempeño futuro.

Practicar la Autocompasión

En lugar de castigarte por errores o fallas, debes aprender a tratarte con la misma compasión y bondad que tratarías a un amigo. La autocompasión te ayuda a alejar la ansiedad que surge de la autoexigencia implacable. Aquí hay algunas perspectivas adicionales:

Autoempatia: Cultivar la autoempatia implica hablar contigo mismo de la misma manera que hablarías con un amigo querido en momentos difíciles. En lugar de críticas severas, ofrécete a ti mismo palabras de aliento y apoyo.

Tratamiento con gentileza: Recuerda que mereces ser tratado con gentileza y respeto, independientemente de tu desempeño o logros. Nutrir una relación saludable contigo mismo es esencial para reducir la ansiedad.

Enfocarse en el Proceso, no Sólo en el Resultado

En lugar de obsesionarse sólo con el resultado final y con los estándares de perfección, es importante valorar el proceso. Apreciar cada etapa y aprender de las experiencias puede reducir la ansiedad asociada al deseo de perfección.

Mentalidad de crecimiento: Adopta una "mentalidad de crecimiento", que se centra en el aprendizaje continuo y en el desarrollo personal. Esto ayuda a reducir la presión de alcanzar resultados inmediatos y perfectos.

Apreciar pequeñas victorias: Al celebrar las pequeñas victorias e hitos a lo largo del camino, reconoces el progreso, mantienes la motivación y reduces la ansiedad relacionada con el resultado final.

Establecer Metas Realistas y Alcanzables

Es vital definir metas realistas, teniendo en cuenta nuestras habilidades y circunstancias. Metas alcanzables nos permiten progresar de manera saludable y realista, reduciendo la ansiedad relacionada con la autoexigencia irracional.

Metas SMART: Considera el uso del método SMART (Específicas, Medibles, Alcanzables, Relevantes y

Temporalizadas) para definir metas que sean claras, alcanzables y adaptadas a tu realidad.

Evaluación regular: Periódicamente, evalúa tus metas para garantizar que sigan siendo realistas y relevantes, haciendo ajustes según sea necesario.

Aprender de los Errores

Vea los errores y los fracasos como oportunidades de aprendizaje. En lugar de desesperarse cuando cometa un error, analícelo objetivamente, identifique lo que puede aprender de él y aplique esas lecciones en el futuro. Esta perspectiva ayuda a disminuir la ansiedad relacionada al miedo a fracasar.

Reflexión constructiva: Profundice su comprensión de los errores, buscando patrones y maneras de mejorar.

Implementación de mejoras: Transforme el aprendizaje en acción, ajustando sus enfoques para alcanzar un rendimiento más eficaz.

Establecer Límites Saludables

Aprenda a establecer límites realistas para usted mismo. Reconozca sus capacidades y sepa cuándo es hora de descansar y cuidarse. No se sobrecargue con expectativas excesivas y tareas interminables. Establecer límites saludables puede ayudar a aliviar la ansiedad derivada de la presión constante.

Priorización: Identifique sus prioridades y concéntrese en ellas. Aprenda a decir no a compromisos que no contribuyan a su bienestar.

Tiempo para el autocuidado: Reserve tiempo regularmente para cuidar de sí mismo, ya sea a través de actividades relajantes, ejercicio o pasatiempos que le traigan alegría.

Buscar Ayuda Profesional

Si el perfeccionismo y la ansiedad persisten, considere buscar la ayuda de un profesional de salud mental. Los terapeutas especializados pueden ofrecer técnicas específicas, como terapia cognitivo-conductual (TCC), para lidiar con el perfeccionismo y sus conexiones con la ansiedad.

Asociación terapéutica: Trabaje en conjunto con un terapeuta para comprender y superar los patrones perfeccionistas, promoviendo la cura y el crecimiento.

Practicar Mindfulness y Relajación

La práctica del mindfulness y de técnicas de relajación, como la respiración consciente y la meditación, puede ayudar a reducir la ansiedad asociada a la necesidad de ser perfecto. Al enfocarse en el presente y calmar la mente, puede aliviar la presión del perfeccionismo.

Ejercicios regulares: Dedique tiempo diariamente para ejercicios de mindfulness, como meditación, respiración consciente o yoga. Esto ayudará a calmar la mente y a reducir la ansiedad.

Aplicación en el día a día: Además de sesiones formales de mindfulness, practique la conciencia plena en situaciones cotidianas. Esté presente en el momento, en lugar de preocuparse por la perfección o los resultados futuros.

Celebrar el Progreso

Aprenda a celebrar el progreso, no sólo el resultado final. Aplauda sus pequeñas conquistas y reconozca su esfuerzo. Esto ayuda a mantener una perspectiva positiva y a reducir la ansiedad relacionada con la búsqueda de la perfección.

Recompensas simbólicas: Cree recompensas o rituales para celebrar sus conquistas, por menores que sean. Esto refuerza un sentido de logro e incentiva la continuidad del progreso.

Gratitud diaria: Practique la gratitud, reconociendo las cosas por las que está agradecido diariamente. Esto ayuda a cultivar una mentalidad positiva.

La búsqueda incesante de la perfección es un viaje agotador, un laberinto emocional que a menudo nos aprisiona en expectativas inalcanzables. El perfeccionismo, con sus raíces profundas en el deseo de ser irreprochable, la autoexigencia desmedida y el miedo persistente a fracasar, es una fuente significativa de ansiedad en nuestras vidas. Esta ansiedad, alimentada por un deseo implacable de perfección, puede corroer nuestra salud mental, socavando nuestra autoestima y haciéndonos ansiosos por la evaluación implacable de los demás.

En el próximo capítulo, nos adentraremos en el territorio de los impactos de la ansiedad en nuestra salud mental. Exploraremos de qué forma la ansiedad afecta nuestras mentes, emociones y bienestar general. Entender las ramificaciones de esta interacción compleja es un enorme paso para cultivar una relación más saludable con nuestras propias expectativas, buscando un equilibrio entre la búsqueda de la excelencia y la aceptación amorosa de nuestras imperfecciones.

5

IMPACTOS EN LA SALUD MENTAL

*La mente es resiliente; descubre tu fuerza
y transforma la ansiedad en empoderamiento.*

La ansiedad es un laberinto intrincado de emociones y pensamientos que, cuando no se controla, puede tener efectos significativos en nuestra salud mental. Es una respuesta natural y adaptativa ante situaciones de estrés, preparándonos para enfrentar desafíos inminentes. Sin embargo, cuando la ansiedad se vuelve crónica, excediendo los límites de lo saludable, se transforma en un obstáculo que puede perjudicar la calidad de vida, afectar nuestra cognición, perturbar nuestras emociones e impactar incluso nuestras relaciones.

Este capítulo tiene como objetivo adentrarse en los meandros de esta compleja relación entre ansiedad y salud mental. Juntos, exploraremos los efectos profundos y a menudo insidiosos que la ansiedad puede ejercer sobre nuestro bienestar psicológico a corto y largo plazo. Comprender la naturaleza de estos impactos es vital para que podamos buscar tratamientos y estrategias de afrontamiento apropiados.

En este contexto, este capítulo tiene como objetivo no sólo educar sobre los impactos de la ansiedad en la salud mental, sino también destacar estrategias y técnicas que pueden ayudar a mitigar estos efectos adversos. Tener un arsenal de herramientas que nos permita enfrentar la ansiedad es fundamental para una vida equilibrada y productiva.

CONSECUENCIAS PSICOLÓGICAS DE LA ANSIEDAD

La ansiedad es una experiencia universal, una respuesta natural del cuerpo humano al estrés y las amenazas percibidas. Sin embargo, cuando esta respuesta se vuelve crónica o excesiva, puede desencadenar una serie de consecuencias psicológicas significativas. Vamos a explorar las implicaciones de la ansiedad para la salud mental, examinando los trastornos de ansiedad, la relación con la depresión y el síndrome de burnout, así como su impacto en la autoestima y la confianza.

Trastornos de Ansiedad

La ansiedad en sí no es patológica; de hecho, es una parte esencial de la experiencia humana. Sin embargo, cuando la ansiedad se vuelve intensa y persistente, puede evolucionar a trastornos de ansiedad clínicamente significativos. Los trastornos de ansiedad se caracterizan por preocupaciones y miedos excesivos, acompañados de síntomas físicos y psicológicos.

Trastorno de Ansiedad Generalizada (TAG): Las personas con TAG experimentan ansiedad crónica y preocupación constante en relación a diversos aspectos de la vida, como el trabajo, la salud, la familia y las relaciones. Estas preocupaciones son difíciles de controlar y pueden conducir a síntomas físicos, como tensión muscular e insomnio.

Trastorno de pánico: El trastorno de pánico se caracteriza por ataques súbitos e intensos de ansiedad, conocidos como ataques de pánico. Estos episodios pueden ser tan aterradores y dolorosos que la persona puede temer sufrir otro ataque, lo que lleva a un ciclo de ansiedad constante.

Trastorno de Estrés Postraumático (TEPT): El TEPT ocurre después de la exposición a eventos traumáticos, como accidentes, abusos o situaciones de violencia. Los síntomas incluyen pesadillas, flashbacks e hipervigilancia, junto con ansiedad intensa.

Fobias: Las fobias son miedos intensos e irracionales de objetos, situaciones o animales específicos. La exposición a estos desencadenantes desencadena ansiedad extrema, lo que lleva a evitar esas situaciones a toda costa.

Trastorno Obsesivo-Compulsivo (TOC): El TOC se caracteriza por pensamientos intrusivos e indeseados (obsesiones) que conducen a comportamientos repetitivos y rituales (compulsiones) destinados a aliviar la ansiedad. Estas acciones pueden consumir mucho tiempo y energía.

Trastorno de ansiedad social (fobia social): La fobia social implica un miedo intenso a ser juzgado o humillado en situaciones sociales. Esto puede llevar a evitar las interacciones sociales, lo que puede tener un impacto significativo en la vida personal y profesional.

Depresión y Ansiedad

La relación entre ansiedad y depresión es compleja y a menudo bidireccional. Muchas personas con trastornos de ansiedad también experimentan síntomas depresivos, y viceversa. Esto se conoce como comorbilidad, donde dos o más condiciones de salud mental coexisten en una persona.

La ansiedad y la depresión comparten síntomas comunes, como dificultad para dormir, fatiga, irritabilidad y dificultad para concentrarse. Estas superposiciones pueden dificultar el diagnóstico y el tratamiento. Cuando la ansiedad y la depresión ocurren juntas, pueden ser más debilitantes de lo que serían si ocurrieran aisladamente.

La preocupación y la reflexión excesivas, características de la ansiedad, pueden provocar pensamientos negativos y pesimismo, lo que contribuye a los síntomas depresivos. Además, el aislamiento social resultante de la ansiedad puede aumentar el riesgo de desarrollar depresión.

Síndrome de Burnout

El síndrome de burnout es un estado de agotamiento físico y emocional debido al estrés crónico, a menudo relacionado con el trabajo. Aunque no es un trastorno de ansiedad en sí mismo, hay una superposición significativa entre la ansiedad y el burnout. Las personas con burnout con frecuencia experimentan ansiedad debido a la sobrecarga y la presión constante.

Los síntomas del burnout incluyen agotamiento, cinismo en relación al trabajo, disminución del rendimiento y síntomas físicos, como dolores de cabeza e insomnio. La ansiedad puede surgir como una respuesta al estrés prolongado asociado al burnout, lo que lleva a una sensación abrumadora de sobrecarga.

Ciclo Destructivo: Ansiedad, Depresión y Burnout

Estas condiciones – ansiedad, depresión y síndrome de burnout – pueden crear un ciclo destructivo. La ansiedad puede conducir al agotamiento y a la fatiga crónica, desencadenando o agravando los síntomas depresivos. A su vez, la depresión puede aumentar la ansiedad, creando un ciclo que debilita la salud mental y física.

Este ciclo puede hacer que las actividades diarias sean desafiantes y socaven la calidad de vida de una persona. Las responsabilidades del trabajo, las interacciones sociales e incluso las tareas más simples pueden parecer abrumadoras, lo que lleva a una espiral descendente de deterioro del estado mental.

Ante esta interconexión compleja entre ansiedad, depresión y burnout, es crucial buscar ayuda profesional para un diagnóstico y tratamiento adecuados. Un plan de tratamiento integrado que aborde no sólo los síntomas, sino también las causas subyacentes, puede ser altamente eficaz.

Las terapias cognitivo-conductuales (TCC) se utilizan con frecuencia para tratar trastornos de ansiedad y depresión. Ayudan a los individuos a identificar y modificar patrones de pensamiento negativos y comportamientos disfuncionales, promoviendo habilidades de afrontamiento saludables.

Además, las estrategias de manejo del estrés, las prácticas de relajación, los cambios en el estilo de vida y el apoyo emocional son componentes esenciales del tratamiento. El involucramiento en actividades que brinden placer y significado, como pasatiempos o actividades sociales, también puede contribuir a la recuperación.

CÓMO LA ANSIEDAD AFECTA LA AUTOESTIMA Y LA CONFIANZA

La relación entre ansiedad, autoestima y confianza es una red intrincada de interacciones psicológicas que moldean nuestra percepción de nosotros mismos y nuestro lugar en el mundo. La ansiedad puede tener un impacto profundo y duradero en la autoestima y la confianza, afectando nuestra visión de nosotros mismos y nuestras relaciones con los demás. Vamos a explorar más detalladamente cómo la ansiedad afecta estos aspectos cruciales de nuestra salud mental y bienestar.

Autocrítica Excesiva y la Erosión de la Autoestima

La ansiedad crea un terreno fértil para la autocrítica implacable. Vivimos constantemente en un estado de alerta elevado, evaluando cada acción, palabra o decisión que tomamos, en busca de cualquier señal de fracaso o inadecuación. Este patrón de autocrítica constante mina gradualmente nuestra autoestima, convirtiéndose en una voz interior cruel que amplifica cada error, por menor que sea, transformándolos en pruebas de nuestra supuesta inaptitud.

La autocrítica y la ansiedad forman un círculo vicioso peligroso. La ansiedad lleva a la autocrítica, ya que nos volvemos excesivamente conscientes y preocupados por la posibilidad de cometer errores. La autocrítica, por su parte, aumenta la ansiedad, generando más miedo a fallar. Este círculo destructivo puede llevar a un declive progresivo de la autoestima y la autoconfianza.

La autocrítica constante y la erosión resultante de la autoestima tienen un impacto profundo en todas las áreas de nuestras vidas. Afecta nuestro desempeño en el trabajo, minando la confianza en nuestras habilidades y competencias. En las relaciones personales, la baja autoestima puede crear barreras para la intimidad y la conexión genuina. Esta erosión de la autoestima se extiende a nuestra visión sobre nosotros mismos, moldeando nuestras identidades y nuestro sentido de valor propio.

El viaje para superar la autocrítica es un viaje hacia la aceptación de uno mismo, el amor propio y la construcción de una autoestima saludable. Es un paso crucial para disfrutar de una vida plena y gratificante.

Inseguridad: La Semilla de la Duda

La ansiedad a menudo encuentra su origen en la inseguridad, una semilla insidiosa de duda plantada profundamente en nuestra psique. La sensación persistente de no ser lo suficientemente bueno o de no poseer la capacidad necesaria para enfrentar los desafíos de la vida es el terreno fértil para que la ansiedad prospere. Vamos a explorar más sobre este tema y sus implicaciones.

La inseguridad puede originarse de diversas fuentes, como experiencias pasadas de fracaso, rechazo, traumas, educación rigurosa o estándares sociales inalcanzables. Estas experiencias moldean nuestra percepción de nosotros mismos y del mundo que nos rodea, llevándonos a dudar de nuestra competencia.

Esta inseguridad, cuando no se aborda, alimenta la ansiedad. Incluso cuando alcanzamos el éxito y recibimos validación externa, la inseguridad persiste, creando un círculo perjudicial. La ansiedad nos hace temer que los demás descubran nuestra supuesta inadecuación, generando más inseguridad y ansiedad.

La inseguridad mina nuestra confianza en nuestras habilidades y competencias. Nos impide arriesgarnos y desafiarnos a nosotros mismos, limitando nuestro crecimiento personal y profesional. Esta falta de autoconfianza puede sabotear las relaciones, las carreras y los objetivos de la vida, llevando a una autoestima dañada.

Superar la inseguridad es un paso esencial para romper el círculo de la ansiedad. Al cultivar una mentalidad positiva y aprender a confiar en nuestras habilidades, podemos no sólo aliviar la ansiedad, sino también llevar una vida más plena y gratificante.

El Miedo al Juicio y la Prisión de la Inautenticidad

La ansiedad social es un desafío significativo para muchas personas, donde el miedo al juicio de los demás se convierte en una realidad diaria. En este contexto, las interacciones sociales, algo que debería ser natural y cómodo, se convierten en fuentes intensas de estrés. Vamos a explorar más a fondo esta dinámica y cómo afecta nuestra autenticidad y autoestima.

La ansiedad social suele tener raíces profundas en experiencias pasadas, traumas, acoso escolar, o incluso en la falta de experiencia social. Se puede manifestar como miedo a hablar en público, interactuar en reuniones o incluso en situaciones sociales más informales.

El miedo al juicio de los demás crea un ciclo vicioso. Comienza con la anticipación ansiosa de una interacción social, seguida del miedo intenso durante la interacción y, a menudo, culmina en un evento posterior de sobreanálisis, donde reevaluamos cada detalle de la interacción, a menudo de manera negativa.

Este miedo constante al juicio nos lleva a crear máscaras y fachadas para protegernos. En lugar de ser auténticos y expresar quiénes somos realmente, representamos un papel para evitar el juicio. Esto erosiona nuestra autoestima, ya que estamos constantemente viviendo una versión distorsionada de nosotros mismos.

Superar el miedo al juicio requiere tiempo, paciencia y esfuerzo continuo. Al trabajar en la aceptación de quiénes somos, desafiar nuestros miedos y buscar apoyo cuando sea necesario, podemos liberarnos de la prisión de la inautenticidad y vivir de manera más genuina, mejorando nuestra autoestima y bienestar emocional.

Evitar Desafíos y la Erosión de la Confianza

La ansiedad a menudo nos lleva a evitar situaciones que percibimos como desafiantes o incómodas. Aunque esta evitación proporcione un alivio temporal del malestar, a largo plazo mina nuestra confianza y frena nuestro desarrollo personal. Vamos a profundizar en esta dinámica y explorar estrategias para superar el ciclo de evitar desafíos.

La evitación es una estrategia común para lidiar con la ansiedad. Es una reacción natural para evitar el malestar emocional que las situaciones desafiantes pueden traer. Sin embargo, esta evitación constante nos impide enfrentar y superar nuestros miedos y desafíos.

Al evitar desafíos, perdemos oportunidades valiosas de crecimiento personal y profesional. Esto contribuye a la erosión de la confianza, ya que nunca enfrentamos y superamos esos obstáculos para probarnos a nosotros mismos nuestra capacidad para lidiar con ellos.

La evitación crea un ciclo perjudicial. Evitamos una situación desafiante, lo que nos trae alivio temporal de la ansiedad. Sin embargo, esta evitación refuerza nuestra creencia de que no somos capaces de enfrentar esa situación, minando aún más nuestra confianza.

La evitación de desafíos, aunque puede proporcionar comodidad temporal, tiene un costo a largo plazo para nuestra confianza y crecimiento personal. Al enfrentar nuestros miedos y desafíos de frente, incluso a pequeños pasos, podemos reconstruir nuestra confianza, aprender y crecer. Ten en cuenta que es a través de los desafíos que crecemos y nos convertimos en la mejor versión de nosotros mismos.

Pensamientos Catastróficos y la Ruptura de la Autoestima

La ansiedad a menudo está interconectada con una narrativa mental negativa y distorsionada, lo que resulta en pensamientos catastróficos. Estos pensamientos exacerbados y excesivamente negativos anticipan los peores desenlaces en diversas situaciones, lo que lleva a una degradación de la autoestima. Vamos a examinar más profundamente esta dinámica y explorar maneras de revertir este patrón.

Los pensamientos catastróficos son distorsiones cognitivas que amplifican el lado negativo de las circunstancias y minimizan el positivo. Tienden a ser irracionales, exagerados y no basados en hechos reales.

Estos pensamientos constantes de desastre minan nuestra autoestima, ya que nos convencen de nuestra supuesta incapacidad de superar los desafíos que enfrentamos. Al convencernos de que lo peor está siempre a punto de suceder, perdemos la confianza en nuestras habilidades y competencias.

Los pensamientos catastróficos desencadenan una cascada de ansiedad y miedo, lo que lleva a más pensamientos negativos y autoevaluación perjudicial. Esto forma un ciclo vicioso que afecta la percepción que tenemos de nosotros mismos y de nuestro potencial.

Los pensamientos catastróficos son como grilletes que aprisionan nuestra autoestima y confianza. Desafiarlos y cultivar una actitud positiva pueden ayudar a reconstruir nuestra autoimagen y capacitarnos para enfrentar los desafíos de la vida con coraje y resiliencia. Hazte consciente de que eres más fuerte que tus pensamientos negativos.

EFECTOS A LARGO PLAZO DE LA ANSIEDAD EN NUESTRA SALUD MENTAL

La ansiedad, cuando persistente y no tratada a lo largo del tiempo, puede resultar en una serie de impactos significativos en nuestra salud mental. Estos efectos a largo plazo pueden alterar nuestra calidad de vida, funcionamiento diario e interacciones interpersonales, manifestándose de varias maneras:

Trastornos de Ansiedad Crónicos

La ansiedad, cuando persistente y no tratada a lo largo del tiempo, puede evolucionar a una gama de trastornos de ansiedad crónicos, cada uno con sus propias características e impactos en la vida diaria. Estos trastornos pueden ser verdaderamente debilitantes, afectando tanto la calidad de vida como la capacidad de disfrutar plenamente de las experiencias e interacciones sociales.

Trastorno de Ansiedad Generalizada (TAG): Este trastorno se caracteriza por preocupaciones crónicas y excesivas en relación a varias situaciones de la vida cotidiana. Las personas con TAG a menudo tienen dificultad para controlar sus preocupaciones y pueden sentir una ansiedad constante, incluso cuando no hay una amenaza inminente. Esto puede impactar negativamente su desempeño en el trabajo, en las relaciones interpersonales y en la salud física.

Trastorno de pánico: Las personas con trastorno de pánico experimentan ataques de pánico repentinos e intensos, acompañados por una sensación avasalladora de miedo y terror, incluso cuando no hay una amenaza real. Estos ataques pueden llevar a una preocupación persistente sobre cuándo ocurrirá el próximo ataque, llevando a la evitación de lugares o situaciones donde los ataques pueden ocurrir.

Trastorno de Estrés Postraumático (TEPT): El TEPT es una respuesta prolongada e intensa a un evento traumático, como abuso, accidentes o experiencias de combate. Los síntomas incluyen flashbacks, pesadillas, hipervigilancia y evitación de gatillos relacionados al trauma. Esto puede tener un impacto profundo en la calidad de vida y en la capacidad de participar en actividades cotidianas.

Fobias específicas: Las fobias son miedos intensos e irracionales de objetos, animales, situaciones o actividades específicas. Estos miedos pueden ser tan debilitantes que llevan a una evitación extrema del objeto o situación temida, interfiriendo en las actividades diarias y en la felicidad general.

Trastorno Obsesivo-Compulsivo (TOC): El TOC se caracteriza por obsesiones, pensamientos repetitivos e indeseados, a menudo acompañados de comportamientos compulsivos para aliviar la ansiedad generada por las obsesiones. Estos rituales compulsivos pueden consumir mucho tiempo e interferir en el funcionamiento diario.

Estos trastornos de ansiedad crónicos no sólo afectan la salud mental, sino que también tienen un impacto considerable en el funcionamiento diario e las interacciones sociales. Es crucial buscar ayuda profesional para evaluación, diagnóstico adecuado y tratamiento, que puede incluir terapia, medicación y estrategias de afrontamiento para manejar eficazmente estos trastornos y mejorar la calidad de vida. La concientización sobre estos trastornos es fundamental para reducir el estigma y alentar a aquellos que sufren a buscar ayuda y apoyo.

Depresión

La ansiedad prolongada no sólo carga el peso de su propia angustia, sino que puede desencadenar o intensificar la depresión, una condición mental grave que afecta ampliamente nuestra vida emocional, cognitiva y conductual.

Inicio y progresión: La ansiedad crónica puede servir como un terreno fértil para el desarrollo de la depresión. La preocupación constante, la sensación de desamparo y la aprensión incesante pueden minar gradualmente nuestra resiliencia emocional, llevando a un estado de tristeza persistente y desesperanza.

Síntomas amplificados: La presencia simultánea de ansiedad y depresión muchas veces amplifica los síntomas de ambas condiciones. Los pensamientos intrusivos y las preocupaciones excesivas de la ansiedad se mezclan con la tristeza profunda, llevando a una carga emocional abrumadora. El agotamiento físico y mental también se vuelve más pronunciado.

Desesperanza y desamparo: La ansiedad prolongada puede erosionar nuestra capacidad de ver una luz al final del túnel. La incansable batalla contra la ansiedad puede dejarnos sintiendo que no hay salida, lo que contribuye a la desesperanza, un componente clave de la depresión.

Aislamiento y retraimiento: La ansiedad puede llevarnos a retirarnos del mundo, evitando situaciones sociales e incluso actividades cotidianas. Esta reclusión social puede profundizar los sentimientos de soledad y desamparo, alimentando así la depresión.

Dificultades en el funcionamiento diario: La ansiedad y la depresión combinadas pueden perjudicar nuestra capacidad de funcionar efectivamente en el trabajo, en la escuela o en nuestras responsabilidades diarias. La falta de concentración, la fatiga y la sensación de sobrecarga emocional se convierten en obstáculos significativos.

Respuesta al tratamiento: El tratamiento de la depresión en personas que también sufren de ansiedad puede ser más complejo. A menudo, el tratamiento necesita abordar tanto la ansiedad como la depresión de forma integrada, con terapia y, en algunos casos, medicación.

Importancia del apoyo: El apoyo social y emocional es crucial para las personas que enfrentan esta batalla doble. Tener una red de apoyo comprensiva y solidaria puede marcar una diferencia significativa en el proceso de recuperación.

Es fundamental comprender que la depresión desencadenada por la ansiedad prolongada no es un signo de debilidad o fracaso personal. Buscar ayuda de un profesional de salud mental es vital para obtener el diagnóstico correcto y un plan de tratamiento integral. La concientización y la comprensión de estas complejas interacciones entre ansiedad y depresión son fundamentales para promover la compasión y la empatía, así como para desarrollar estrategias eficaces de prevención e intervención temprana.

Aislamiento Social

El aislamiento social, a menudo desencadenado por la ansiedad crónica, crea un ciclo de impactos negativos que afectan tanto nuestra salud mental como nuestra calidad de vida de manera significativa.

Génesis del aislamiento: La ansiedad crónica puede llevarnos a retraernos de las interacciones sociales. Las situaciones sociales pueden ser percibidas como amenazantes, lo que nos lleva a evitar eventos sociales, encuentros con personas o incluso actividades cotidianas. Este comportamiento de evitación es un intento de escapar de la incomodidad que la ansiedad social provoca.

Evitación y reducción de oportunidades: La evitación prolongada y constante de las interacciones sociales puede reducir nuestras oportunidades de crecimiento, aprendizaje y conexiones significativas. Las interacciones sociales son cruciales para nuestro desarrollo personal y emocional, y el aislamiento puede privarnos de estas oportunidades.

Agravamiento de la ansiedad: El aislamiento puede agravar nuestra ansiedad, creando un círculo vicioso. La soledad puede aumentar nuestros sentimientos de inadecuación y reforzar la creencia de que no somos capaces de interactuar socialmente. Esto, a su vez, amplifica la ansiedad al enfrentar nuevas situaciones sociales.

Salud mental amenazada: El aislamiento prolongado puede conducir a un declive significativo en nuestra salud mental. La soledad puede desencadenar sentimientos de tristeza, depresión y desesperanza, impactando negativamente nuestro bienestar emocional.

Dificultad para formar relaciones: El aislamiento social puede perjudicar nuestras habilidades para formar y mantener relaciones saludables. La falta de práctica en las interacciones sociales puede hacernos sentir incómodos en situaciones sociales, lo que dificulta establecer conexiones significativas.

Rompiendo el ciclo: Para romper el ciclo, es fundamental buscar apoyo y ayuda profesional. Los terapeutas pueden ofrecer estrategias para superar la ansiedad social y reincorporarse gradualmente a la vida social. Además, participar en grupos de apoyo puede proporcionar una sensación de comunidad y comprensión.

Estrategias de reintegración social: Comenzar con pequeñas interacciones sociales y expandirlas gradualmente puede ayudar en la reintegración social. Establecer metas realistas y celebrar los progresos, incluso si son pequeños, es esencial para ganar confianza.

Construir una red de apoyo: Invertir en relaciones significativas con amigos, familiares o grupos de intereses comunes puede ser una forma de romper el ciclo de aislamiento. Compartir nuestras experiencias y emociones con otras personas puede aliviar la ansiedad.

El aislamiento social es un desafío serio y complejo, y reconocer su relación con la ansiedad es un paso crucial para encontrar soluciones eficaces. Buscar apoyo profesional y adoptar estrategias graduales de reintegración social puede ayudar a reconstruir nuestra confianza y establecer conexiones sociales significativas.

Problemas de Concentración y Memoria

La ansiedad crónica, con su constante actividad mental y preocupaciones incesantes, puede tener efectos perjudiciales en nuestra capacidad de concentración y memoria, impactando diversas áreas de nuestra vida.

Sobrecarga mental y sus efectos: La ansiedad crónica puede conducir a una sobrecarga mental constante. Las preocupaciones persistentes y los pensamientos intrusivos pueden dificultar mantener la atención en una tarea específica. Esta sobrecarga mental compromete nuestra capacidad de concentrarse adecuadamente.

Ansiedad y rendimiento cognitivo: La ansiedad crónica puede afectar negativamente el rendimiento cognitivo. La capacidad de procesar información, razonar, aprender y recordar puede verse comprometida cuando nuestra mente está constantemente ocupada con preocupaciones y ansiedades.

Impacto en las actividades diarias: La dificultad para concentrarse y la falta de memoria eficaz pueden afectar nuestras actividades diarias, desde tareas simples hasta compromisos profesionales y académicos. Esto puede conducir a una sensación de inadecuación y frustración, lo que aumenta aún más la ansiedad.

Efecto en la productividad en el trabajo y los estudios: En el entorno laboral o académico, la ansiedad crónica puede perjudicar nuestra productividad. La capacidad de concentrarse en tareas específicas y retener información esencial puede verse comprometida, lo que afecta nuestros resultados y rendimiento.

Interferencia en las relaciones: La falta de concentración y la falla en la memoria pueden interferir en las relaciones. Olvidar fechas importantes, compromisos o detalles puede conducir a malentendidos y conflictos, afectando la calidad de nuestras relaciones personales y profesionales.

Buscando soluciones: Para combatir estos problemas, es esencial manejar la ansiedad de manera eficaz. Las prácticas de reducción del estrés, como la meditación y los ejercicios de respiración, pueden ayudar a calmar la mente y mejorar la concentración. Además, la terapia cognitivo-conductual (TCC) puede ser un enfoque eficaz para tratar la ansiedad y sus efectos cognitivos.

Hábitos saludables: Mantener hábitos saludables, como una dieta equilibrada, ejercicio físico regular y sueño adecuado, puede mejorar nuestra capacidad cognitiva. Estos hábitos contribuyen a la salud mental y física, ayudando a reducir la ansiedad y mejorando la concentración y la memoria.

Gestión del tiempo y organización: Desarrollar habilidades de gestión del tiempo y organización puede ayudar a lidiar con la sobrecarga mental. Establecer prioridades, hacer listas de tareas y dividir grandes proyectos en partes más pequeñas pueden facilitar la concentración y la realización eficaz de actividades.

La ansiedad crónica puede tener efectos perjudiciales en nuestra capacidad de concentración y memoria, afectando la calidad de nuestra vida diaria, el rendimiento académico y profesional, además de nuestras relaciones personales. Un enfoque eficaz para el manejo de la ansiedad puede ayudar a mitigar estos impactos y mejorar nuestra función cognitiva.

Irritabilidad y Cambios de Humor

La ansiedad prolongada no sólo afecta nuestra mente, sino también nuestras emociones y comportamientos, a menudo resultando en irritabilidad y cambios frecuentes de humor. Estos aspectos emocionales son reflejos del constante estado de alerta y tensión al que estamos sometidos cuando lidiamos con la ansiedad crónica.

Reacciones amplificadas: La ansiedad puede llevar a reacciones emocionales amplificadas. Situaciones estresantes que normalmente podríamos manejar pueden desencadenar respuestas desproporcionadas, llevando a explosiones de ira, frustración e irritación más intensas de lo esperado.

Tolerancia reducida a la frustración: Debido a la sobrecarga mental, los individuos ansiosos a menudo tienen una menor tolerancia a la frustración. Las situaciones cotidianas que no ocurren como se planearon o encuentran obstáculos pueden resultar en irritación e impaciencia exacerbadas.

Ciclo vicioso: La irritabilidad resultante de la ansiedad puede, a su vez, alimentar más ansiedad. Sentirse constantemente sobrecargado e irritado puede llevar a más preocupaciones y estrés, creando un ciclo vicioso difícil de romper.

Impacto en las relaciones interpersonales: Estos cambios de humor e irritabilidad pueden impactar negativamente nuestras relaciones. Familiares, amigos y colegas pueden encontrar dificultad en lidiar con nuestras fluctuaciones emocionales, lo que puede perjudicar la calidad de nuestras relaciones.

Autocrítica y culpa: Después de episodios de irritabilidad, las personas con ansiedad crónica a menudo experimentan autocrítica intensificada y sentimientos de culpa. Pueden culparse por no poder controlar sus emociones o por causar malestar en los demás.

La importancia de la autorreflexión: Es crucial que los individuos ansiosos practiquen la autorreflexión para entender sus reacciones emocionales y comportamentales. Identificar patrones de irritabilidad y los desencadenantes puede ayudar a desarrollar estrategias eficaces de manejo de la ansiedad.

Técnicas de relajación y respuesta calmada: La incorporación de técnicas de relajación, como meditación, respiración profunda y ejercicios de relajación muscular, puede ayudar a calmar la mente y reducir la irritabilidad. Aprender a responder de forma más calmada y controlada a las situaciones estresantes es esencial.

Comunicación abierta: Comunicarse abiertamente con las personas cercanas sobre la ansiedad y sus efectos puede ayudar a construir comprensión y apoyo. Explicar que la irritabilidad es un síntoma de la ansiedad, y no un reflejo de desagrado hacia ellos, es fundamental.

Liderar con la irritabilidad y los cambios frecuentes de humor causados por la ansiedad es un desafío, pero es posible con estrategias de manejo eficaces. La conciencia sobre estas reacciones emocionales y la búsqueda de ayuda profesional cuando sea necesario son pasos importantes para mejorar la calidad de vida y las relaciones.

Abuso de Sustancias

El abuso de sustancias es un grave problema que a menudo está interconectado con la ansiedad crónica. Los individuos que enfrentan ansiedad prolongada pueden recurrir al uso de alcohol, drogas ilícitas, medicamentos recetados de forma inapropiada u otras sustancias como una manera de lidiar con sus síntomas. Desafortunadamente, esta forma de automedicación lleva a un ciclo vicioso perjudicial que empeora tanto la ansiedad como el abuso de sustancias.

Automedicación y alivio temporal: La automedicación es un mecanismo de afrontamiento donde la persona busca alivio inmediato para sus síntomas de ansiedad a través del uso de sustancias psicoactivas. El alcohol y las drogas pueden proporcionar un alivio temporal de la ansiedad, lo que lleva a su repetición como estrategia de afrontamiento.

Agravamiento de la ansiedad: Aunque las sustancias pueden inicialmente aliviar la ansiedad, su uso prolongado puede llevar a un agravamiento de los síntomas de ansiedad. La tolerancia puede desarrollarse, llevando a dosis mayores para obtener el mismo efecto, resultando en un ciclo de dependencia y ansiedad creciente.

Consecuencias físicas y mentales: El abuso de sustancias puede causar daños físicos y mentales significativos, además de agravar los síntomas de ansiedad. Esto incluye problemas de salud, compromiso cognitivo, alteraciones de humor y otros efectos adversos.

Culpa y vergüenza: El ciclo de abuso de sustancias y ansiedad puede llevar a sentimientos intensos de culpa, vergüenza y autoestima perjudicada. La persona puede sentirse impotente para romper ese ciclo y enfrentar las consecuencias negativas de sus comportamientos.

Intervención y tratamiento: La interrupción del ciclo de abuso de sustancias y ansiedad requiere intervención profesional. Programas de tratamiento que abordan tanto la dependencia química como la ansiedad son esenciales. Esto puede incluir terapia cognitivo-conductual, asesoramiento, grupos de apoyo y, en algunos casos, medicación.

Apoyo social y red de apoyo: Tener una red de apoyo fuerte y alentadora es crucial para romper el ciclo de abuso de sustancias y ansiedad. Amigos, familiares o grupos de apoyo pueden proporcionar soporte emocional y práctico durante el proceso de recuperación.

Desarrollo de estrategias alternativas: Es fundamental aprender estrategias alternativas de afrontamiento de la ansiedad que no involucren el uso de sustancias. Esto puede incluir técnicas de relajación, ejercicios físicos, meditación, mindfulness y terapias.

Conciencia de los riesgos: Es importante aumentar la conciencia de los riesgos asociados al abuso de sustancias en el manejo de la ansiedad. Educar a las personas sobre los efectos perjudiciales de esta práctica puede ayudar a prevenir el ciclo de automedicación.

Romper el ciclo de abuso de sustancias y ansiedad es un paso vital para la recuperación y el bienestar. Buscar ayuda profesional y contar con el apoyo de seres queridos son pasos esenciales para superar este desafío y alcanzar una vida equilibrada y saludable.

Pensamientos Suicidas y Autolesión

La ansiedad crónica, cuando no se trata, puede desencadenar un desenlace terrible en el que las personas afectadas pueden enfrentar pensamientos suicidas o involucrarse en autolesión. Este estado es un resultado devastador de la persistencia de una ansiedad abrumadora, que lleva a un sentimiento extremo de desesperación e impotencia.

Pensamientos suicidas: La ansiedad crónica puede conducir a pensamientos suicidas, en los que la persona afectada siente que la única salida a su sufrimiento es quitarse la vida. Este estado es crítico y requiere intervención inmediata y apoyo profesional.

Desesperación profunda: La sensación de desesperación asociada a la ansiedad crónica no tratada es intensa y abrumadora. Las personas pueden sentir que están atrapadas en un ciclo interminable de ansiedad y que no hay esperanza de mejora.

Aislamiento y soledad: Aquellos que luchan con pensamientos suicidas a menudo se sienten aislados y solos en su dolor. La ansiedad crónica puede conducir al aislamiento social, agravando aún más la sensación de soledad y desamparo.

Autolesión como forma de alivio: En un esfuerzo por aliviar el dolor emocional, algunos individuos pueden recurrir a la autolesión. Cortarse o infligirse dolor físico puede distraer temporalmente del dolor emocional extremo, pero es una estrategia extremadamente perjudicial.

Búsqueda desesperada de alivio: Los pensamientos suicidas y la autolesión a menudo surgen de la búsqueda desesperada de alivio del sufrimiento emocional intenso. Las personas pueden sentir que están tan sobrecargadas que la muerte o la autolesión son sus únicas opciones de escape.

Importancia de la intervención inmediata: La detección temprana de estos signos es crucial para la intervención eficaz. Amigos, familiares y profesionales de la salud deben estar atentos a cualquier indicación de pensamientos suicidas y actuar de inmediato, derivando a la persona a ayuda especializada.

Tratamiento especializado y apoyo continuo: El tratamiento para los pensamientos suicidas y la autolesión generalmente implica un enfoque multidisciplinario, que incluye psicoterapia, medicamentos y apoyo continuo. La terapia cognitivo-conductual (TCC) también se usa con frecuencia para abordar estos pensamientos y comportamientos.

Prevención y concienciación: La conciencia sobre la relación entre la ansiedad crónica y los pensamientos suicidas es crucial. La educación sobre estrategias de afrontamiento saludables, la importancia del apoyo emocional y la eliminación del estigma asociado a la salud mental son esenciales para la prevención.

Apoyo y comprensión: Es vital que quienes enfrentan estos desafíos reciban apoyo amoroso y comprensión de sus seres queridos. Un entorno de apoyo emocional puede marcar una diferencia significativa en el proceso de recuperación.

Comprender los efectos a largo plazo de la ansiedad es vital para la implementación de estrategias de prevención e intervención temprana. El tratamiento y el apoyo adecuados son esenciales para mitigar estos impactos y promover la salud mental a largo plazo. Un enfoque multidisciplinario, que involucre a profesionales de la salud mental, a menudo es necesario para proporcionar una respuesta integral y eficaz a estos desafíos.

ESTRATEGIAS PARA MITIGAR LOS IMPACTOS DE LA ANSIEDAD EN LA SALUD MENTAL

Enfrentar la ansiedad de manera eficaz es crucial para proteger nuestra salud mental a largo plazo y mejorar nuestra calidad de vida. Existen varias estrategias que pueden ayudar a mitigar los impactos perjudiciales de la ansiedad:

Terapia Cognitivo-Conductual (TCC)

La terapia cognitivo-conductual (TCC) es una aproximación terapéutica ampliamente reconocida y eficaz en el tratamiento de la ansiedad y de diversos otros trastornos mentales. Se basa en la idea de que nuestros pensamientos, emociones y comportamientos están interconectados e influyen unos a otros. En la TCC, el terapeuta y el paciente trabajan juntos para identificar y modificar patrones de pensamiento disfuncionales que contribuyen a la ansiedad. Aquí hay más información sobre cómo la TCC funciona en el tratamiento de la ansiedad:

Identificación de pensamientos disfuncionales: Uno de los principios centrales de la TCC es ayudar al paciente a identificar pensamientos automáticos y creencias distorsionadas que alimentan la ansiedad. Muchas veces, estos pensamientos son negativos, irracionales y catastróficos, llevando a un ciclo de preocupación y miedo.

Reevaluación y desafío de pensamientos: Con la orientación del terapeuta, el paciente aprende a cuestionar la validez de estos pensamientos disfuncionales.

Exploran evidencias a favor y en contra de estos pensamientos y desarrollan una perspectiva más equilibrada y realista.

Desarrollo de habilidades de afrontamiento: Además de desafiar pensamientos disfuncionales, la TCC ayuda a los pacientes a desarrollar habilidades de afrontamiento saludables. Esto puede incluir estrategias de relajación, técnicas de resolución de problemas y prácticas de exposición gradual a situaciones temidas (un componente importante en el tratamiento de fobias).

Identificación de patrones de comportamiento: La TCC también se concentra en identificar patrones de comportamiento que pueden contribuir a la ansiedad. Por ejemplo, la evitación de situaciones temidas puede mantener la ansiedad. El terapeuta trabaja con el paciente para cambiar estos comportamientos mal adaptativos.

Establecimiento de metas y monitoreo del progreso: Durante el tratamiento, terapeuta y paciente establecen metas claras y medibles para la reducción de la ansiedad. El progreso se monitorea a lo largo del tiempo, permitiendo ajustes según sea necesario.

Tareas entre sesiones: Los pacientes a menudo reciben tareas para hacer entre las sesiones, como mantener un diario de pensamientos o practicar técnicas de relajación. Esto ayuda a integrar el aprendizaje y las habilidades en la vida cotidiana.

Duración y eficacia: La TCC es una terapia de corto plazo, generalmente consistiendo en un número definido de sesiones (por ejemplo, 12 a 16 sesiones). Es conocida por ser altamente eficaz en el tratamiento de trastornos de ansiedad, proporcionando herramientas prácticas y estrategias para lidiar con la ansiedad de manera saludable.

Adaptación a diferentes trastornos de ansiedad: La TCC se puede adaptar para tratar una variedad de trastornos de ansiedad, incluyendo trastorno de ansiedad generalizada (TAG), trastorno de pánico, trastorno de estrés postraumático (TEPT), fobias específicas y trastorno obsesivo-compulsivo (TOC).

La TCC se combina a menudo con otras aproximaciones terapéuticas o con el uso de medicamentos, dependiendo de las necesidades individuales del paciente. Ofrece una estructura sólida para identificar, entender y superar la ansiedad, capacitando a las personas a retomar el control de sus vidas y a mejorar su salud mental.

Meditación y Mindfulness

La meditación y el mindfulness son prácticas antiguas que se han vuelto cada vez más populares en los tiempos modernos debido a sus beneficios para la salud mental, incluyendo la reducción de la ansiedad. Estas prácticas se centran en la conciencia plena del momento presente y en la atención plena a los pensamientos, sensaciones y emociones sin juicio. Aquí hay información detallada sobre cómo la meditación y el mindfulness pueden ayudar a reducir la ansiedad:

Conciencia plena del momento presente: La meditación y el mindfulness se basan en la premisa de estar totalmente presente en el momento actual, sin preocuparse por el pasado o el futuro. Esta conciencia plena ayuda a reducir la ansiedad, ya que la ansiedad a menudo está ligada a preocupaciones sobre el futuro.

Calmando la mente: La práctica regular de meditación y mindfulness puede calmar la mente, reduciendo el flujo constante de pensamientos ansiosos. Al enfocarse en la respiración u otros elementos del momento presente, la mente se vuelve más tranquila.

Disminución de la reactividad al estrés: Al cultivar la habilidad de observar pensamientos y emociones sin reaccionar impulsivamente, las prácticas de mindfulness ayudan a disminuir la reactividad al estrés. Esto puede resultar en respuestas más ponderadas y menos reacciones emocionales exageradas.

Entrenamiento de la atención: La meditación y el mindfulness son ejercicios de entrenamiento de atención. Ayudan a desarrollar la habilidad de enfocar la atención en el presente, lo que puede ser útil para evitar que la mente divague hacia preocupaciones y ansiedades.

Reducción de la rumia: La rumia, o la repetición continua de pensamientos negativos, es común en la ansiedad. La conciencia plena puede ayudar a interrumpir este patrón al dirigir la atención hacia el presente, alejándola de pensamientos negativos y rumia.

Aprendizaje de la aceptación y la tolerancia: Las prácticas de mindfulness enseñan a aceptar los pensamientos y emociones sin juicio, reconociendo que son sólo eventos mentales pasajeros. Esto promueve una actitud más compasiva hacia uno mismo, lo que puede reducir la ansiedad relacionada con la autocrítica.

Diferentes técnicas de meditación: Existen varias técnicas de meditación, como meditación de la respiración, meditación guiada, meditación trascendental y meditación caminando. Cada una de ellas puede satisfacer diferentes preferencias y necesidades, permitiendo adaptar la práctica a cada individuo.

Práctica regular y consistente: La clave para cosechar los beneficios de la meditación y el mindfulness es la práctica regular y consistente. Reservar un tiempo diario para estas prácticas puede ayudar a integrarlas al estilo de vida y experimentar sus efectos positivos a lo largo del tiempo.

Incorporar la meditación y el mindfulness en la rutina diaria puede ofrecer herramientas poderosas para lidiar con la ansiedad y promover el bienestar mental. Al aprender a estar más presente en el momento, podemos reducir la ansiedad asociada a la preocupación por el futuro y, así, vivir una vida más equilibrada y consciente.

Ejercicios Físicos

La práctica regular de ejercicios físicos es una estrategia eficaz y accesible para reducir la ansiedad y promover el bienestar emocional. Los beneficios van más allá de la salud física, alcanzando la salud mental y emocional. Vamos a explorar detalladamente cómo los ejercicios físicos pueden contribuir a la reducción de la ansiedad:

Liberación de endorfinas: Los ejercicios físicos desencadenan la liberación de endorfinas en el cerebro. Las endorfinas son neurotransmisores que actúan como analgésicos naturales y mejoran el estado de ánimo, proporcionando una sensación de bienestar y euforia.

Reducción del estrés y la tensión física: La práctica regular de ejercicios ayuda a liberar la tensión física acumulada, un síntoma común asociado a la ansiedad. Al mover el cuerpo, los músculos se relajan y la sensación de estrés físico disminuye.

Mejora del flujo sanguíneo y la oxigenación: Los ejercicios aumentan el flujo sanguíneo y la oxigenación en todo el cuerpo, incluyendo el cerebro. Esto puede conducir a una mejora en la claridad mental y la sensación de frescura, aliviando la sensación de opresión asociada a la ansiedad.

Reducción de los niveles de hormonas del estrés: La práctica regular de ejercicios puede ayudar a reducir los niveles de hormonas del estrés, como el cortisol. Estas hormonas están a menudo elevadas en personas que sufren de ansiedad crónica.

Mejora del sueño: Los ejercicios físicos regulares pueden mejorar la calidad del sueño, lo cual es fundamental para controlar la ansiedad. Un sueño adecuado puede regular los patrones de humor y disminuir la sensación de ansiedad durante el día.

Aumento de la autoestima y la confianza: El compromiso en actividades físicas puede mejorar la autoimagen y aumentar la confianza en sí mismo. Sentirse bien con el propio cuerpo y alcanzar metas de condición física puede tener un impacto positivo en la percepción de uno mismo.

Oportunidad de socialización: Participar en actividades físicas en grupo, como deportes o clases de gimnasio, ofrece la oportunidad de socialización. La interacción social puede aliviar la ansiedad al proporcionar una sensación de pertenencia y apoyo social.

Variedad de ejercicios: La variedad de ejercicios es importante para mantener el interés y la motivación. Esto puede incluir actividades aeróbicas, ejercicios de resistencia, yoga, danza, entre otros. La elección de los ejercicios debe tener en cuenta las preferencias personales y las restricciones físicas.

Adaptación a la rutina personal: Es fundamental elegir un tipo de ejercicio que se adapte a la rutina y al estilo de vida de cada individuo. Esto facilita la incorporación de los ejercicios de forma consistente en el día a día.

Incorporar ejercicios físicos a la rutina diaria puede ser una manera altamente eficaz de gestionar y reducir la ansiedad, además de proporcionar una serie de beneficios para la salud física y mental. Es importante encontrar actividades físicas que sean agradables y que puedan ser sostenidas a largo plazo para obtener los beneficios máximos.

Respiración Controlada

La práctica de técnicas de respiración controlada, como la respiración diafragmática, es una estrategia eficaz y accesible para calmar el sistema nervioso y reducir la ansiedad. Esta aproximación se centra en la conciencia y el control de la respiración para promover una sensación de calma y equilibrio emocional. Vamos a explorar en detalle cómo la respiración controlada puede ser una herramienta valiosa para gestionar la ansiedad:

Conciencia respiratoria: El primer paso es desarrollar la conciencia de la propia respiración. Muchas veces, durante momentos de ansiedad, la respiración se vuelve superficial y rápida. La conciencia permite reconocer ese patrón e intervenir para traer calma.

Respiración diafragmática: También conocida como respiración abdominal, es una técnica que implica respirar profundamente, expandiendo el diafragma. Durante la inspiración, el abdomen se expande, y durante la expiración, se contrae. Esto ayuda a oxigenar el cuerpo de manera más eficaz y a calmar la mente.

Ritmo respiratorio: Establecer un ritmo en la respiración es fundamental. Una técnica común es la respiración 4-7-8, donde inspiras por la nariz contando hasta cuatro, mantienes el aire en los pulmones durante siete segundos y luego expiras por la boca contando hasta ocho. Ese patrón promueve la tranquilidad.

Foco en la respiración: Durante la práctica de la respiración controlada, es importante mantener el foco en la respiración y en los movimientos del abdomen. Esto ayuda a alejar los pensamientos ansiosos, proporcionando un momento de tranquilidad y concentración.

Reducción del estrés y la ansiedad: La respiración controlada actúa directamente en el sistema nervioso, estimulando la respuesta de relajación. Esto reduce los niveles de estrés y ansiedad, promoviendo una sensación de calma y claridad mental.

Práctica regular: Para obtener los beneficios, es fundamental practicar regularmente. Inicialmente, puede ser útil practicar por unos minutos todos los días y, con el tiempo, aumentar la duración y la frecuencia de la práctica.

Integración con otras técnicas: La respiración controlada puede ser integrada con otras técnicas de relajación, como la meditación. Esto potencia los efectos calmantes y promueve una experiencia más profunda de relajación.

Aplicación en momentos de crisis: La capacidad de usar técnicas de respiración controlada en momentos de ansiedad aguda o crisis es una herramienta valiosa. Puede aplicarse en situaciones estresantes para calmar la mente y evitar una escalada de la ansiedad.

La respiración controlada es una herramienta simple, pero poderosa, que puede practicarse en cualquier momento y en cualquier lugar. Es una habilidad valiosa para gestionar la ansiedad, promover el bienestar y cultivar la paz interior.

Terapia de Aceptación y Compromiso (ACT)

La Terapia de Aceptación y Compromiso (ACT) es un enfoque terapéutico eficaz para lidiar con la ansiedad, ayudando a las personas a aceptar sus ansiedades y dificultades, y a comprometerse con acciones constructivas y significativas en sus vidas. Vamos a explorar más sobre la ACT y cómo puede ser una herramienta valiosa en el manejo de la ansiedad:

Aceptación de las experiencias internas: La ACT enfatiza la importancia de aceptar plenamente nuestras experiencias internas, incluyendo emociones, pensamientos y sensaciones físicas. Esto significa no luchar o intentar suprimir esas experiencias, sino reconocerlas y permitir que estén presentes.

Mindfulness y atención plena: La práctica de la atención plena es central en la ACT. Ella involucra estar consciente del momento presente sin juicio, lo que ayuda a aumentar la conciencia de nuestras experiencias internas y a responder a ellas de manera más adaptativa.

Definición de valores y metas personales: La ACT incentiva la identificación y la definición de los valores y metas personales de cada individuo. Comprender lo que es verdaderamente importante en la vida ayuda a guiar las acciones y a tomar decisiones alineadas con esos valores.

Compromiso con la acción: Además de la aceptación, la ACT incentiva el compromiso con la acción. Esto significa dar pasos concretos en la dirección de nuestros valores, incluso en la cara de la ansiedad o el malestar. La acción alineada con los valores se ve como un componente clave para una vida significativa.

Difusión cognitiva: Esta técnica involucra la distancia entre nosotros y nuestros pensamientos y emociones. Al "desconectarnos" de nuestros pensamientos y observarlos como eventos mentales, somos menos propensos a ser dominados o definidos por ellos, reduciendo la influencia de la ansiedad.

Autoconciencia y flexibilidad psicológica: La ACT busca aumentar la autoconciencia y la flexibilidad psicológica. Esto involucra la capacidad de adaptarse y responder de manera eficaz a diferentes situaciones, teniendo en cuenta nuestros valores y metas.

Aceptación de dificultades y sufrimiento: En lugar de intentar evitar el sufrimiento, la ACT nos invita a aceptar la presencia inevitable del sufrimiento humano. Esto no significa resignación, sino una aceptación valiente, permitiéndonos vivir nuestras vidas de manera significativa.

Trabajo con metáforas y experiencias: La ACT a menudo utiliza metáforas y experiencias para ilustrar conceptos clave y facilitar la comprensión y la aplicación de las estrategias. Estas historias ayudan a traducir conceptos abstractos en algo concreto y memorable.

La ACT es un enfoque poderoso para lidiar con la ansiedad, ya que ofrece una estructura para aceptar experiencias internas desafiantes mientras se compromete con acciones significativas. Ella ayuda a cultivar una vida basada en valores, resiliencia y crecimiento personal.

Establecer Rutinas Saludables

Establecer rutinas saludables es un pilar crucial para el equilibrio emocional y el bienestar. Una rutina bien estructurada no sólo mejora la eficiencia en nuestras actividades diarias, sino que también puede tener un impacto positivo en nuestra salud mental y emocional. Vamos a explorar más sobre cómo establecer rutinas saludables puede reducir la ansiedad y promover un estilo de vida equilibrado:

Programación regular de sueño: Es fundamental establecer una programación de sueño consistente para un descanso adecuado y para mantener el equilibrio emocional. Dormir lo suficiente y en horarios regulares ayuda a regular el humor, mejorar la concentración y reducir la ansiedad.

Alimentación balanceada: Mantener una dieta equilibrada con una variedad de alimentos nutritivos es esencial para la salud mental. Los alimentos ricos en nutrientes pueden afectar positivamente nuestro humor y energía, proporcionando una base sólida para lidiar con el estrés y la ansiedad.

Tiempo para actividades relajantes: Integrar tiempo para actividades relajantes en la rutina diaria es crucial.

Esto puede incluir prácticas de relajación, lectura, meditación, ejercicios de respiración o cualquier pasatiempo que traiga tranquilidad. Estos momentos ayudan a reducir el estrés y la ansiedad.

Agenda estructural: Crear una agenda bien definida para el día, la semana o el mes puede traer orden y claridad. Saber lo que esperar y tener un plan ayuda a reducir la incertidumbre, uno de los desencadenantes de la ansiedad.

Tiempo para actividad física: Incorporar actividad física regular en la rutina es un pilar importante. El ejercicio libera endorfinas, sustancias químicas que mejoran el humor, y ayuda a aliviar el estrés y la ansiedad, promoviendo una mejor salud mental.

Pausas adecuadas en el trabajo: Establecer pausas regulares durante el trabajo es crucial para el rendimiento y el bienestar. Tomar pequeñas pausas ayuda a recargar energía y a mantener el enfoque, evitando la acumulación de estrés a lo largo del día.

Gestión del tiempo: Aprender a gestionar el tiempo de forma eficaz es esencial. Esto incluye definir prioridades, evitar la procrastinación y reservar tiempo para tareas esenciales, lo que puede reducir la sensación de estar sobrecargado.

Flexibilidad en la rutina: Aunque la estructura es importante, también es vital incluir flexibilidad en la rutina. Permite realizar ajustes según sea necesario para lidiar con imprevistos o simplemente para atender a las necesidades momentáneas.

Higiene mental: Además de cuidar el cuerpo, es vital dedicar tiempo a cuidar la salud mental. Esto puede incluir prácticas como la terapia, actividades de relajación, reflexión o cualquier cosa que nutra la salud mental.

Establecer rutinas saludables no es sólo sobre seguir un cronograma riguroso, sino sobre crear un ambiente propicio para el equilibrio y el bienestar. Es un proceso que requiere adaptabilidad y autoconciencia para encontrar lo que funciona mejor para cada individuo, teniendo en cuenta sus necesidades y estilo de vida. Una rutina saludable puede convertirse en la base que sustenta una vida equilibrada y menos ansiosa.

Técnicas de Relajación

Las técnicas de relajación son herramientas poderosas para lidiar con el estrés y la ansiedad. Nos permiten desacelerar, calmar la mente y el cuerpo, y restaurar un estado de tranquilidad. Vamos a explorar algunas técnicas de relajación que pueden ser eficaces en la reducción de la tensión y promoción de la calma:

Progresiva muscular: La progresión muscular, también conocida como relajación muscular progresiva, es una técnica en la que los músculos son deliberadamente tensos y luego relajados. Esto ayuda a liberar la tensión acumulada en el cuerpo, promoviendo una sensación de relajación.

Respiración profunda y controlada: Practicar la respiración consciente, lenta y profunda puede calmar el sistema nervioso. Inspirar lentamente por la nariz, sostener el aire por unos segundos y expirar lentamente por la boca ayuda a reducir la ansiedad y a promover el relax.

Meditación guiada: La meditación guiada implica escuchar a un instructor que conduce una sesión de meditación. Generalmente, esto incluye instrucciones sobre foco en la respiración, relajación muscular y visualización, ayudando a calmar la mente y reducir la ansiedad.

Visualización creativa: En esta técnica, imágenes mentales relajantes son creadas para ayudar a calmar la mente y el cuerpo. Visualizar escenarios tranquilos, como una playa soleada o un bosque tranquilo, puede traer una sensación de paz y relax.

Mindfulness y atención plena: Estar plenamente presente en el momento actual, sin juicio, es la esencia del mindfulness. La práctica de la atención plena ayuda a reducir la ansiedad, concentrándose conscientemente en las sensaciones, pensamientos y emociones del momento.

Técnicas de biofeedback: Estas técnicas implican la utilización de dispositivos que monitorizan las funciones corporales, como la frecuencia cardíaca y la tensión muscular. El feedback en tiempo real permite que la persona aprenda a controlar estas funciones, reduciendo la respuesta al estrés.

Yoga y estiramiento: El yoga combina ejercicios físicos con técnicas de respiración y meditación, promoviendo el relax físico y mental. Practicar yoga regularmente puede ayudar a aliviar la tensión y la ansiedad.

Aromaterapia y relajación sensorial: Usar aceites esenciales y técnicas sensoriales, como masajes o baños aromáticos, puede tener un efecto calmante en el cuerpo y la mente, promoviendo el relax y la reducción del estrés.

Técnicas de quiropráctica y masajes: La quiropráctica y la terapia de masajes pueden ayudar a liberar la tensión muscular y mejorar el flujo sanguíneo, contribuyendo a una sensación general de relajación y bienestar.

Práctica de Tai Chi o Qi Gong: Estas prácticas combinan movimientos corporales suaves, respiración y concentración mental. Son eficaces para reducir el estrés y mejorar el equilibrio emocional.

Música relajante y sonidos de la naturaleza: Escuchar música suave, sonidos de la naturaleza o música especialmente proyectada para relax puede tener un efecto calmante en la mente, ayudando a aliviar la ansiedad.

La clave para el éxito con técnicas de relajación es la práctica regular. Integrarlas a la rutina diaria puede hacer una diferencia significativa en la reducción del estrés y en la promoción de una sensación general de calma y bienestar. Es importante experimentar diferentes técnicas y descubrir aquellas que mejor se adaptan a las necesidades y preferencias individuales.

Expresión Creativa

La expresión creativa es una herramienta poderosa para lidiar con la ansiedad y el estrés. Ofrece una salida para nuestras emociones, pensamientos y experiencias internas, permitiendo que sean externalizados y procesados de manera constructiva. Vamos a explorar cómo el arte, la música y la escritura pueden ser terapéuticas y beneficiosas para la salud mental:

Arte y dibujo: El arte, ya sea pintura, dibujo, escultura u otras formas, ofrece una manera de expresar emociones que pueden ser difíciles de poner en palabras. Los colores, formas y texturas pueden transmitir sentimientos y ayudar a aliviar la ansiedad al ofrecer un canal creativo para expresar lo que está dentro de nosotros.

Música y melodía: La música tiene el poder de evocar emociones y crear una conexión profunda con nuestra propia psique. Tocar un instrumento, cantar o simplemente escuchar canciones que resuenan con nosotros puede aliviar el estrés y crear un estado mental más tranquilo.

Escritura creativa: La escritura es una manera eficaz de procesar pensamientos y emociones. Llevar un diario, escribir poesía, historias o simplemente poner en papel lo que estamos sintiendo puede ayudar a organizar nuestros pensamientos y encontrar claridad emocional.

Danza y movimiento: La danza es una forma de expresión corporal que puede liberar tensión y ansiedad.

Moverse al ritmo de la música permite que la energía fluya, promoviendo una sensación de bienestar.

Teatro y representación: Participar en actividades teatrales o de representación ofrece una oportunidad de explorar diferentes roles y emociones, lo que puede ayudar a comprender mejor a sí mismo y aliviar el estrés.

Artesanía y DIY (Hazlo tú mismo): Involucrarse en proyectos de artesanía, costura, carpintería u otras actividades DIY puede ser una manera tangible de canalizar la ansiedad y crear algo bello al mismo tiempo.

Arte digital: El arte digital ofrece una plataforma moderna para expresar creatividad. Pintura digital, diseño gráfico y otras formas de arte digital permiten una variedad de medios para la expresión artística.

Expresión corporal: La expresión corporal, incluyendo yoga, tai chi y otras prácticas físicas, puede ayudar a liberar emociones y crear un sentido de calma interior.

Arte terapia: El arte terapia es una forma estructurada de utilizar la creatividad para explorar emociones y problemas psicológicos. Es a menudo dirigida por un terapeuta entrenado que guía el proceso.

Colaboración y grupos creativos: Participar en grupos creativos o proyectos colaborativos puede ampliar la experiencia creativa, proporcionando la oportunidad de compartir y aprender con otros.

La expresión creativa es una forma saludable y eficaz de lidiar con la ansiedad, ya que permite que usted procese sus emociones de manera constructiva y enriquecedora. Cada persona es única, por lo que es importante explorar diferentes formas de expresión creativa para encontrar lo que resuena mejor consigo mismo.

Establecer Límites y Decir No

Establecer límites y aprender a decir no es un aspecto vital del autocuidado y del manejo eficaz del estrés. A menudo, sentimos una presión social o personal para atender a las demandas de los demás, lo que puede llevar a un exceso de compromisos y al agotamiento. Vamos a explorar más profundamente esta cuestión y entender cómo establecer límites saludables puede ser transformador:

Proteger tu bienestar: Establecer límites es una manera de proteger tu salud física y mental. Decir no cuando sea necesario significa reconocer tus propios límites y no comprometer tu salud y bienestar.

Respetar tus necesidades y prioridades: Cada persona tiene sus propias necesidades, prioridades y objetivos. Establecer límites te permite respetar tus prioridades y dedicar tiempo y energía a lo que realmente te importa.

Construir relaciones saludables: Establecer límites claros y comunicarlos de manera respetuosa ayuda a construir relaciones más saludables. Las personas que te rodean entenderán tus expectativas y límites.

Aprender a decir no de forma respetuosa: Decir "no" no significa ser grosero, sino ser claro sobre tus limitaciones y compromisos existentes. Puede ser una habilidad desafiante, pero es fundamental para mantener un equilibrio saludable.

Evitar la sobrecarga y el agotamiento: Cuando siempre dices sí a todo y a todos, puedes terminar sobrecargado. Esto puede llevar a un agotamiento físico y mental, perjudicando tu productividad y bienestar.

Establecer límites en el trabajo: En el entorno laboral, es crucial establecer límites de tiempo, tareas y disponibilidad. Esto ayuda a mantener una vida profesional equilibrada y evita el agotamiento.

Practicar la comunicación clara y directa: La comunicación es fundamental al establecer límites. Es importante expresar tus necesidades y expectativas de forma clara y directa, sin ambigüedades.

Evaluar tu capacidad actual: Antes de asumir nuevos compromisos, evalúa tu capacidad actual de lidiar con ellos. Si estás sobrecargado, es perfectamente aceptable decir no o posponer.

Aprender a decir sí para ti mismo: Decir no a los demás muchas veces significa decir sí para ti mismo. Es un acto de autocuidado y autoempoderamiento reconocer tus necesidades y ponerlas en primer lugar.

Practicar el autodominio: Establecer límites requiere autodominio y la capacidad de decir no cuando sea necesario, incluso cuando hay presión externa.

Recordar que es saludable y necesario establecer límites es fundamental para mantener una vida equilibrada y saludable. Es un acto de amor propio y respeto propio aprender a decir no cuando sea necesario y proteger tu energía y bienestar.

Buscar Apoyo Social

Buscar apoyo social es una estrategia esencial para lidiar con la ansiedad y promover el bienestar emocional. El apoyo social puede venir de diferentes fuentes, incluyendo amigos, familiares, colegas y profesionales de salud mental. Vamos a explorar en detalle cómo esa conexión con otras personas puede ser beneficiosa para aliviar la ansiedad:

Reducción del aislamiento: Compartir sus preocupaciones y sentimientos con otras personas ayuda a romper el ciclo del aislamiento emocional. Aislarse puede aumentar la ansiedad, y tener un sistema de apoyo reduce ese aislamiento.

Apoyo emocional: Conversar con alguien que comprenda sus emociones y preocupaciones puede proporcionar un alivio inmenso. El apoyo emocional ayuda a validar sus sentimientos, disminuyendo la sensación de estar sólo en esa lucha.

Perspectiva externa: Amigos y familiares pueden ofrecer perspectivas y consejos valiosos sobre la situación que está causando ansiedad. A veces, una visión externa puede iluminar soluciones u opciones que usted no había considerado.

Compresión y empatía: El acto de compartir puede llevar a una mayor comprensión de los desafíos que usted está enfrentando. Sentirse comprendido y validado es esencial para el alivio de la ansiedad.

Alivio del estrés: Hablar sobre sus preocupaciones puede ser una forma de aliviar el estrés acumulado. Expresar emociones puede reducir la presión interna que la ansiedad puede crear.

Establecimiento de conexiones saludables: Buscar apoyo social fortalece los lazos con las personas a su alrededor. Cultivar relaciones saludables es fundamental para la salud mental y emocional a largo plazo.

Buscar ayuda profesional: Además del apoyo de amigos y familiares, buscar la ayuda de un profesional de salud mental, como un psicólogo o terapeuta, puede proporcionar orientación especializada para lidiar con la ansiedad de manera más eficaz.

Participar de grupos de apoyo: Grupos de apoyo son grandes opciones para encontrar personas que están pasando por experiencias similares. Compartir historias y estrategias puede ser muy reconfortante.

Practicar el arte de escuchar: Además de compartir sus preocupaciones, es importante escuchar activamente a los demás. Ofrecer apoyo mutuo puede fortalecer las relaciones y crear una red de apoyo eficaz.

Intervención rápida en momentos críticos: En situaciones de crisis, el apoyo social puede ser crucial para intervenir rápidamente y ofrecer ayuda adecuada, pudiendo incluso salvar vidas.

La búsqueda de apoyo social es un paso valioso en la jornada para lidiar con la ansiedad. Fortalecer los lazos sociales, compartir preocupaciones y buscar consejos de personas confiables contribuyen a la resiliencia emocional y la reducción del impacto de la ansiedad.

Práctica de Autocompasión

La práctica de autocompasión es una aproximación fundamental para lidiar con la ansiedad y mejorar la salud mental. Vamos a explorar en detalle cómo esta práctica puede ser transformadora y beneficiosa para la relación contigo mismo:

Definiendo autocompasión: La autocompasión es el acto de tratarte a ti mismo con la misma compasión, gentileza y comprensión que le ofrecerías a un amigo querido en tiempos de dificultad. Envuelve reconocer tu propia humanidad, imperfecciones y dificultades sin juzgarte de manera severa.

Aceptación y humanidad compartida: La autocompasión comienza con la aceptación de ti mismo, reconociendo que eres humano y, como tal, estás sujeto a fallas, errores y desafíos. Es comprender que todos, sin excepción, enfrentan dificultades, y eso hace parte de la experiencia humana.

Autoempatía y autocomprensión: Cultivar la autocompasión involucra desarrollar una voz interior que te hable de manera amable y alentadora, en vez de criticarte duramente. Es sobre tratarte como lo harías con alguien que amas y te importa profundamente.

Resiliencia emocional: La práctica regular de autocompasión fortalece tu resiliencia emocional. En vez de dejar que la autocrítica drene tus energías, aprendes a levantarte después de desafíos, aprendiendo y creciendo con ellos.

Disminuyendo la ansiedad: Al adoptar una actitud compasiva contigo mismo, reduces la ansiedad asociada al miedo de no ser lo suficientemente bueno o cometer errores. La autocompasión calma la mente y disminuye la presión interna.

Combatiendo la vergüenza: La autocompasión es una herramienta poderosa para combatir la vergüenza y la autocrítica. En vez de avergonzarte de tus imperfecciones, te aceptas a ti mismo con amor y comprensión.

Cultivando gratitud y aceptación: La práctica de la autocompasión está ligada a la gratitud por quien eres, con todas tus características y experiencias. Eso lleva a una aceptación profunda de ti mismo, lo que, a su vez, contribuye a una mente más tranquila.

Técnicas de autocompasión: La autocompasión puede ser practicada a través de varias técnicas, como la meditación de la bondad amorosa, donde deseas amor y felicidad para ti mismo y para los demás; escribir cartas amables para ti mismo; o simplemente cambiar la narrativa interna para una de cuidado y compasión.

Integración en la vida diaria: Además de prácticas específicas, la autocompasión puede ser una filosofía de vida. Eso significa traer la gentileza para todas las áreas de tu vida, sea en el trabajo, relaciones o en tus actividades cotidianas.

Autocuidado: La autocompasión también se refleja en el autocuidado. Te tratas bien, estableces límites saludables y te permites descansar y rejuvenecer.

La autocompasión es una habilidad poderosa que puede ser cultivada y desarrollada. Al practicar la gentileza y la compasión contigo mismo, fortaleces tu resiliencia emocional, reduciendo la ansiedad y creando una base más saludable para lidiar con los desafíos de la vida.

Evaluación del Estrés y Estrategias de Afrontamiento

Evaluar el estrés y desarrollar estrategias de afrontamiento eficaces son habilidades valiosas para gestionar la ansiedad y promover el bienestar emocional. Vamos a explorar en detalle cómo puedes identificar y afrontar el estrés de manera adaptativa:

Identificación de fuentes de estrés: El primer paso es reconocer e identificar las fuentes de estrés en tu vida. Esto puede incluir desafíos en el trabajo, problemas de relación, cuestiones financieras, entre otros. Ser consciente de las fuentes es crucial para lidiar eficazmente con el estrés.

Evaluación del impacto del estrés: Entiende cómo el estrés te afecta física, emocionalmente y mentalmente. El estrés puede manifestarse de varias maneras, como insomnio, irritabilidad, ansiedad, dolores de cabeza, entre otros. Evalúa cómo el estrés está impactando tu calidad de vida.

Consecuencias de la no gestión del estrés: Reconoce las consecuencias de no lidiar con el estrés de forma eficaz. Esto puede incluir deterioro de la salud física, deterioro de las relaciones personales, bajo rendimiento en el trabajo o en los estudios, entre otros.

Autoconocimiento y autocuidado: Conócete a ti mismo, tus limitaciones y tus necesidades. Practica el autocuidado regularmente, dedicando tiempo a actividades que te rejuvenecen y traen alegría. Esto puede incluir ejercicios, hobbies, meditación, entre otros.

Desarrollo de estrategias de afrontamiento: Aprende y desarrolla estrategias de afrontamiento eficaces. Esto puede incluir técnicas de relajación, ejercicios, meditación, terapia, o hablar con un amigo o profesional de salud mental. Cada persona puede responder de manera diferente, por lo que es importante experimentar y encontrar lo que funciona para ti.

Planificación y organización: Planifica tus actividades y compromisos. La organización puede reducir el estrés asociado a la sensación de estar sobrecargado. Establece metas realistas y crea un plan para alcanzarlas.

Búsqueda de ayuda profesional: No dudes en buscar la ayuda de un profesional de salud mental, como un psicólogo o terapeuta. Ellos pueden proporcionar orientación especializada y estrategias personalizadas para afrontar el estrés.

Práctica regular de relajación: Adopta prácticas regulares de relajación, como técnicas de respiración, yoga o relajación muscular progresiva. Estas prácticas pueden ayudar a aliviar la tensión física y mental asociada al estrés.

Evaluación continua y ajustes: Regularmente, evalúa la eficacia de tus estrategias de afrontamiento. Si algo no está funcionando, ajusta tus enfoques e intenta nuevas estrategias para encontrar lo que mejor se adapta a ti.

La evaluación consciente del estrés y la implementación de estrategias de afrontamiento eficaces son pasos esenciales para lidiar con la ansiedad de forma adaptativa. Desarrollar resiliencia emocional y saber cómo afrontar los desafíos de la vida puede mejorar significativamente tu calidad de vida y bienestar.

Consultar Profesionales de Salud Mental

Cuando enfrentamos ansiedad severa o persistente, es crucial buscar ayuda de profesionales de salud mental para orientación especializada y tratamiento adecuado. Aquí están detalles sobre la importancia y el proceso de buscar apoyo profesional para lidiar con la ansiedad:

Importancia de la búsqueda por ayuda profesional: La ansiedad puede manifestarse de varias formas e intensidades, y en algunos casos, puede ser difícil de manejarla sólo. Profesionales de salud mental tienen la capacitación y la experiencia necesarios para evaluar, diagnosticar y tratar trastornos de ansiedad de manera eficaz.

Tipos de profesionales de salud mental: Existen varios tipos de profesionales de salud mental que pueden ayudar en el tratamiento de la ansiedad, incluyendo psicólogos, psiquiatras, terapeutas ocupacionales, asistentes sociales clínicos, entre otros. Cada uno tiene un enfoque específico y puede ser recomendado dependiendo de la situación y necesidades individuales.

El papel del psicólogo: Los psicólogos son especialistas en evaluar y tratar problemas de salud mental, incluyendo ansiedad. Ellos utilizan técnicas terapéuticas, como la terapia cognitivo-conductual, para ayudar a los individuos a entender y modificar patrones de pensamiento disfuncionales que contribuyen a la ansiedad.

El papel del psiquiatra: Los psiquiatras son médicos especializados en el diagnóstico, tratamiento y prevención de trastornos mentales, incluyendo ansiedad. Ellos pueden recetar medicamentos, si es necesario, y pueden combinar tratamientos farmacológicos con terapia para un tratamiento integral.

Procedimiento de búsqueda por ayuda: Comienza investigando e identificando profesionales de salud mental en tu área. Puedes pedir recomendaciones a médicos, amigos o familiares. Asegúrate de que el profesional esté licenciado y tenga experiencia en el tratamiento de la ansiedad.

Agendar consulta: Contacta con el profesional elegido para agendar una consulta. En la primera consulta, discutirás tus síntomas, historial médico y cualquier preocupación. Esa consulta inicial permite que el profesional comprenda tu situación y proponga un plan de tratamiento.

Evaluación y diagnóstico: Durante la consulta, el profesional de salud mental hará una evaluación detallada para diagnosticar el tipo y la gravedad de la ansiedad. El diagnóstico es fundamental para el desarrollo de un plan de tratamiento eficaz.

Plan de tratamiento personalizado: Después de la evaluación, el profesional de salud mental creará un plan de tratamiento personalizado que puede incluir terapia, medicación, estrategias de afrontamiento y cambios en el estilo de vida.

Seguimiento y adaptaciones: Es fundamental seguir el plan de tratamiento propuesto y asistir a consultas de seguimiento. Si es necesario, el plan puede ajustarse de acuerdo con el progreso o cambios en las necesidades.

Participación activa en el tratamiento: Es esencial participar activamente en el tratamiento, compartiendo información sobre tu progreso, preocupaciones y cambios percibidos. Esto ayuda al profesional a adaptar el tratamiento según sea necesario.

Buscar ayuda de profesionales de salud mental es un paso crucial en el manejo de la ansiedad. Ellos proporcionarán orientación, soporte y las herramientas necesarias para ayudarte a superar los desafíos relacionados a la ansiedad y mejorar tu calidad de vida.

Estas estrategias pueden combinarse y adaptarse de acuerdo con la preferencia y necesidades individuales, ofreciendo un enfoque integral para mitigar los impactos de la ansiedad en la salud mental. Es importante recordar que cada persona responde de manera diferente, por lo que es fundamental encontrar lo que funciona mejor para cada individuo.

La ansiedad es una fuerza poderosa, capaz de moldear nuestro mundo interno de maneras profundas y complejas. En este capítulo, exploramos las ramificaciones de esta tormenta emocional en la esfera de la salud mental. Desde trastornos de ansiedad hasta la pérdida de la autoestima, cada impacto es una piedra que mueve la fundación de nuestra salud mental. Comprender la amplitud de este impacto es crucial para nuestra jornada en busca de la cura y del equilibrio.

No podemos olvidar que la ansiedad también se manifiesta en el cuerpo físico, con síntomas somáticos que pueden, a veces, ser confundidos con condiciones médicas. En el próximo capítulo, adentraremos un territorio igualmente vital, pero muchas veces subestimado: los efectos físicos de la ansiedad. Así como la mente y la emoción, nuestro cuerpo es un participante activo en esta danza. La ansiedad se entremezcla con nuestra biología, influenciando nuestro bienestar físico de maneras sorprendentes. Vamos a sumergirnos en este océano complejo de conexiones entre mente y cuerpo, explorando cómo nuestra salud física es impactada por la ansiedad y cómo podemos encontrar calma en medio de esta tormenta.

6
IMPACTOS EN LA SALUD FÍSICA

El cuerpo habla el lenguaje de la ansiedad; escúchalo y cuídalo, pues somos obras de arte en constante restauración.

La ansiedad, esa reacción emocional y fisiológica que todos nosotros experimentamos en algún momento de nuestras vidas, es una fuerza poderosa y multifacética. Es una respuesta de nuestro organismo al estrés, un mecanismo antiguo que nos prepara para lidiar con amenazas percibidas, movilizando nuestras energías y enfoque para superar los desafíos. Sin embargo, cuando esa respuesta se vuelve crónica, descontrolada y desproporcionada a las situaciones reales, deja de ser nuestra aliada y se transforma en una fuente constante de angustia y perturbación.

En este capítulo, nos adentramos en el reino de los efectos que la ansiedad puede tener sobre nuestra salud física. No es sólo un peso sobre nuestra mente; es una carga que nuestro cuerpo también carga. La ansiedad no se limita a desencadenar una respuesta de lucha o huida; influye en nuestro sistema nervioso, nuestra musculatura, nuestros patrones de sueño y, en última instancia, nuestra salud física en su totalidad.

Exploraremos los efectos de esa ansiedad prolongada, como la manifestación de dolores físicos, tensión muscular persistente y trastornos del sueño. Vamos a comprender cómo esa respuesta al estrés afecta nuestros órganos, nuestro sistema inmunológico y nuestro bienestar físico global. Además, discutiremos estrategias y enfoques para mitigar esos impactos perjudiciales en la salud física, con la intención de ofrecer caminos para aliviar ese fardo que la ansiedad coloca sobre nuestro cuerpo.

Preparándonos para ese sumergimiento en el impacto físico de la ansiedad, es imperativo recordar que nuestro cuerpo y mente están intrínsecamente interconectados. Lo que afecta a uno, impacta al otro. Así, al abordar los efectos de la ansiedad en la salud física, estamos también, indirectamente, hablando sobre su efecto en la salud mental y viceversa. Es una danza compleja y vital que debemos entender para mejorar nuestra calidad de vida y promover una salud integral y equilibrada.

EFEITOS DE LA ANSIEDAD EN NUESTRO CUERPO

Cuando nos encontramos en un estado de ansiedad, nuestro cuerpo reacciona como si estuviéramos en peligro, activando una respuesta de estrés conocida como "lucha o huida". Esta respuesta desencadena una serie de reacciones fisiológicas que se manifiestan de maneras variadas y a menudo angustiosas:

Dolor Físico

La ansiedad puede tener manifestaciones físicas notables, y una de las formas más comunes es por medio de dolores en diferentes partes del cuerpo. Estos dolores pueden variar en intensidad y ubicación, y son a menudo desencadenados por la tensión muscular resultante de la ansiedad. Vamos a explorar más detalles sobre este fenómeno:

Localizaciones comunes de dolor físico: La ansiedad puede manifestarse como dolor físico en varias partes del cuerpo, incluyendo cabeza, cuello, hombros, espalda y estómago. Las áreas más afectadas tienden a ser aquellas donde la tensión muscular se acumula debido al estrés y la ansiedad constantes.

Tensión muscular y dolor: La tensión muscular, una respuesta física al estrés y la ansiedad, es un mecanismo de defensa del cuerpo. Sin embargo, la tensión crónica puede provocar dolores de cabeza, migrañas, dolores de espalda y malestar abdominal, entre otros síntomas.

Ciclo dolor-ansiedad: Un ciclo perjudicial puede desarrollarse cuando los dolores físicos causados por la ansiedad conducen a más ansiedad, creando un ciclo en el que el dolor genera más ansiedad y viceversa. Este ciclo puede ser difícil de romper sin intervenciones adecuadas.

Conexión cuerpo-mente: El cuerpo y la mente están profundamente interconectados. El estrés emocional y la ansiedad pueden manifestarse físicamente debido a la liberación de hormonas del estrés y la tensión muscular. De la misma manera, el malestar físico puede afectar nuestra salud mental y el bienestar emocional.

Respuesta del sistema nervioso: La ansiedad activa el sistema nervioso simpático, desencadenando reacciones físicas de lucha o huida. Esto puede resultar en aumento de la frecuencia cardíaca, respiración rápida y tensión muscular, contribuyendo a la sensación de dolores y malestar.

Estrategias de alivio: Para interrumpir el ciclo dolor-ansiedad, es esencial adoptar estrategias que apunten a aliviar tanto el dolor físico como la ansiedad. Esto puede incluir terapias físicas, como masaje terapéutico, y técnicas de relajación, como meditación y respiración profunda.

Profesional de la salud: Si los dolores físicos persisten o empeoran, es importante buscar orientación de un profesional de la salud. Pueden ayudar a evaluar y ofrecer tratamientos específicos para aliviar el dolor y abordar la ansiedad subyacente.

Los dolores físicos pueden volverse crónicos si la ansiedad persiste, lo que lleva a un ciclo en el que el dolor genera más ansiedad y viceversa. Comprender la relación entre ansiedad y dolores físicos es crucial para adoptar enfoques eficaces de manejo que tengan en cuenta tanto los aspectos emocionales como los físicos del bienestar. El tratamiento integrado, que considera la interacción entre cuerpo y mente, es a menudo el más eficaz para abordar estas complejas interconexiones.

Trastornos del Sueño

La relación entre ansiedad y trastornos del sueño es compleja y puede crear un círculo vicioso que afecta significativamente la calidad del sueño y la ansiedad. Vamos a profundizar en este tema:

Trastornos del sueño comunes asociados a la ansiedad: La ansiedad puede causar varios trastornos del sueño, incluyendo insomnio, dificultad para conciliar el sueño, permanecer dormido y pesadillas frecuentes. Estos trastornos resultan de la incapacidad de calmar la mente antes de dormir debido a la ansiedad persistente.

Ciclo negativo entre ansiedad y sueño: La ansiedad puede desencadenar trastornos del sueño, y la falta de sueño adecuado puede empeorar la ansiedad. Este es un ciclo negativo, donde la ansiedad interrumpe el sueño y la privación del sueño aumenta la ansiedad, creando un círculo perjudicial.

Mente inquieta y agitación nocturna: La mente inquieta y preocupada, común en las personas ansiosas, puede impedir que el cuerpo y la mente se calmen lo suficiente para un sueño reparador. Los pensamientos incesantes y las preocupaciones pueden mantener a la persona despierta o interrumpir el sueño durante la noche.

Impacto de la privación del sueño en la ansiedad: La falta de sueño adecuado afecta negativamente nuestra capacidad de lidiar con el estrés y regular nuestras emociones. Esto amplifica los síntomas de la ansiedad, dificultando el manejo de las situaciones cotidianas.

Sueño reparador y salud mental: Un sueño reparador es vital para la salud mental. Durante el sueño, el cerebro procesa emociones y eventos del día, consolidando memorias y recargando la mente para el día siguiente. La privación del sueño puede perjudicar estas funciones fundamentales.

Estrategias para mejorar el sueño: Adoptar una rutina de sueño constante, crear un ambiente propicio para el sueño, evitar cafeína y electrónicos antes de dormir y practicar técnicas de relajación pueden ayudar a mejorar la calidad del sueño y, en consecuencia, reducir la ansiedad asociada.

Intervención profesional: Si los trastornos del sueño persisten y afectan significativamente la calidad de vida, es crucial buscar ayuda de un profesional de la salud mental. Pueden evaluar y ofrecer tratamientos específicos para mejorar el sueño y abordar la ansiedad subyacente.

Entender los efectos físicos de la ansiedad son una parte crucial de lo que hace que esta condición sea tan debilitante. Comprender cómo la ansiedad afecta el cuerpo es fundamental para buscar estrategias eficaces de manejo que apunten no sólo a la mente, sino también a la salud física, promoviendo un equilibrio integral para nuestro bienestar.

EFECTOS A LARGO PLAZO DE LA ANSIEDAD EN NUESTRA SALUD FÍSICA

La ansiedad, cuando es crónica y no se gestiona adecuadamente, puede tener impactos duraderos y significativos en nuestra salud física. Estos efectos a largo plazo se manifiestan de diversas maneras, afectando diferentes sistemas y órganos de nuestro cuerpo:

Sistema Cardiovascular

La ansiedad crónica puede ejercer una presión adicional sobre el sistema cardiovascular, aumentando el riesgo de enfermedades cardíacas. La exposición continua a altos niveles de hormonas del estrés, como cortisol y adrenalina, puede conducir al aumento de la frecuencia cardíaca, presión arterial elevada y otros factores de riesgo cardiovasculares. A lo largo del tiempo, esto puede contribuir al desarrollo de condiciones cardíacas, como hipertensión, arritmias y enfermedad arterial coronaria.

Sistema Inmunológico

La ansiedad crónica puede comprometer el sistema inmunológico, haciéndonos más susceptibles a infecciones y enfermedades. El estrés prolongado puede suprimir la función inmunológica, reduciendo la eficacia de nuestras defensas naturales contra patógenos. Esto puede resultar en un mayor número de infecciones, resfriados y otras enfermedades, afectando nuestra calidad de vida y bienestar.

Sistema Respiratorio

La ansiedad puede afectar el sistema respiratorio, provocando síntomas como respiración rápida, falta de aire y sensación de ahogo. A largo plazo, esta respiración inadecuada puede contribuir al desarrollo de problemas respiratorios crónicos, como el síndrome de hiperventilación. La ansiedad también puede empeorar condiciones respiratorias preexistentes, como el asma y la enfermedad pulmonar obstructiva crónica (EPOC).

Sistema Digestivo

La ansiedad crónica puede causar estragos en el sistema digestivo, provocando problemas como síndrome del intestino irritable (SII), úlceras, acidez estomacal y otros trastornos gastrointestinales. El estrés prolongado puede afectar la motilidad del tracto gastrointestinal, causando malestar abdominal, diarrea, estreñimiento y dolor.

Sistema Musculoesquelético

La tensión muscular crónica derivada de la ansiedad puede conducir a problemas musculoesqueléticos a largo plazo. La tensión persistente puede causar dolor muscular, rigidez y desgaste en las articulaciones, afectando la movilidad y la calidad de vida.

Sistema Nervioso Central

La ansiedad crónica puede alterar la estructura y la función del cerebro a lo largo del tiempo. Estudios indican que áreas del cerebro involucradas en el procesamiento de las emociones y la respuesta al estrés pueden verse afectadas de forma adversa por la ansiedad persistente. Estas alteraciones pueden estar relacionadas con el aumento del riesgo de trastornos neurológicos y psiquiátricos.

Comprender estos efectos a largo plazo de la ansiedad en la salud física es crucial para reconocer la importancia de abordar la ansiedad de manera integral. Las estrategias eficaces de manejo de la ansiedad no sólo apuntan a aliviar los síntomas inmediatos, sino también a proteger y promover la salud física a largo plazo.

ESTRATEGIAS PARA MITIGAR LOS IMPACTOS FÍSICOS DE LA ANSIEDAD

La ansiedad puede ejercer una presión significativa en nuestro cuerpo, resultando en varios efectos físicos adversos. Sin embargo, existen estrategias eficaces que pueden ser implementadas para ayudar a aliviar y mitigar esos impactos negativos en nuestro bienestar físico. Son enfoques eficaces para mitigar los impactos físicos de la ansiedad:

Práctica de Ejercicios Físicos

El ejercicio regular es una herramienta poderosa para aliviar los efectos físicos de la ansiedad. Ayuda a liberar endorfinas, los neurotransmisores del bienestar, reduciendo la tensión muscular, mejorando el sueño y aliviando el estrés. Cualquier forma de actividad física, ya sea caminata, carrera, yoga o natación, puede ser beneficiosa.

Técnicas de Relajación

Incorporar técnicas de relajación en la rutina diaria, como meditación, respiración profunda, relajación muscular progresiva y biofeedback, puede reducir la tensión muscular y calmar el sistema nervioso. Estas técnicas ayudan a disminuir la respuesta al estrés, promoviendo una sensación de calma y tranquilidad.

Alimentación Saludable

Una dieta equilibrada y saludable puede tener un impacto positivo en la ansiedad y en los efectos físicos asociados a ella. Evitar cafeína, azúcar en exceso y alimentos procesados puede ayudar a estabilizar el estado de ánimo y la energía, reduciendo la tendencia a fluctuaciones bruscas. Optar por alimentos ricos en nutrientes y vitaminas, como frutas, verduras, granos integrales y proteínas magras, puede apoyar la salud física y emocional.

Sueño Adecuado

Garantizar una cantidad suficiente de sueño de calidad es fundamental para combatir los efectos de la ansiedad en el sueño. Prácticas regulares de higiene del sueño, como mantener un horario consistente de sueño, crear un ambiente propicio para dormir y limitar la exposición a dispositivos electrónicos antes de dormir, pueden mejorar la calidad del sueño y, por su parte, reducir los síntomas físicos relacionados con la ansiedad.

Actividades de Ocio y Recreación

Participar de actividades de ocio y recreación que traigan placer y relajación, como pasatiempos, lectura, arte, música o tiempo al aire libre, puede ayudar a reducir la ansiedad y sus efectos físicos. Estas actividades promueven una pausa del estrés cotidiano, permitiendo momentos de descanso y renovación.

Terapia Ocupacional

La terapia ocupacional o fisioterapia puede ser beneficiosa para aliviar los efectos físicos de la ansiedad, especialmente la tensión muscular. Los profesionales pueden enseñar ejercicios específicos de estiramiento y relajación, así como técnicas para mejorar la postura y la movilidad, reduciendo el dolor y el malestar.

Terapia Psicológica

La Terapia Cognitivo-Conductual (TCC) y otras aproximaciones terapéuticas pueden ayudar a gestionar la ansiedad, reduciendo sus impactos físicos. Estas terapias ayudan a identificar patrones de pensamiento negativos y a desarrollar habilidades para lidiar con el estrés de manera más eficaz.

Supervisión Médica

En casos más graves de ansiedad con efectos físicos significativos, la supervisión de un profesional de la salud, como un médico o psiquiatra, es fundamental. Ellos pueden recomendar medicamentos u otras intervenciones apropiadas para aliviar los síntomas físicos y emocionales.

En este capítulo, exploramos minuciosamente los efectos que la ansiedad ejerce sobre nuestro cuerpo físico. La ansiedad no es sólo un fenómeno mental, sino algo que se manifiesta en nuestro cuerpo de maneras complejas y muchas veces debilitantes. Desde dolores físicos hasta trastornos del sueño, vimos cómo la ansiedad puede impactar profundamente nuestra salud física. Comprender estos efectos es crucial para desarrollar estrategias que nos ayuden a mitigar el impacto de la ansiedad en nuestro bienestar físico.

Adoptar estrategias de mitigación de los impactos físicos de la ansiedad como parte de una aproximación integral para gestionarla puede tener un impacto positivo en nuestra salud física y emocional. Tenga en cuenta que cada persona es única, por lo que es importante experimentar y adaptar estas estrategias de acuerdo con sus necesidades y preferencias. La clave es buscar un equilibrio que promueva una vida más saludable y feliz.

En el próximo capítulo, vamos a comprender que la ansiedad es muchas veces un círculo vicioso, donde los síntomas se alimentan mutuamente, creando una espiral descendente. Al entender esta dinámica, podemos empezar a romper ese círculo y encontrar formas de interrumpir su progresión negativa.

7

EL CICLO VICIOSO DE LA ANSIEDAD

Rompe las cadenas del ciclo vicioso, descubre tu libertad y respira el aire de la tranquilidad.

La ansiedad es una fuerza poderosa que puede arraigarse en nuestras vidas, creando un ciclo vicioso que parece insuperable. Es una experiencia compleja, muchas veces iniciada por situaciones desencadenantes que desencadenan una respuesta emocional intensa. Pero lo que sucede a partir de ahí es una interconexión compleja de respuestas fisiológicas, conductuales y emocionales, creando una espiral descendente que afecta cada aspecto de nuestro ser.

En este capítulo, nos adentramos en el corazón de este ciclo vicioso. Vamos a desentrañar sus capas, entender sus engranajes y, lo que es más importante, aprender a romperlo. Al comprender el ciclo autoperpetuante de la ansiedad, podemos adoptar estrategias específicas e intencionales para interrumpirlo y promover una recuperación plena.

ENTENDIMIENTO DEL CICLO AUTOPERPETUANTE DE LA ANSIEDAD

La ansiedad no es un evento aislado; es un proceso complejo e interactivo que puede convertirse en un ciclo autoperpetuante. Comprender profundamente este ciclo es fundamental para desentrañar cómo la ansiedad persiste e incluso se intensifica con el tiempo. Vamos a explorar en detalle los mecanismos involucrados en el ciclo vicioso de la ansiedad.

Desencadenantes Iniciales: El Inicio del Ciclo

El ciclo de la ansiedad tiene su punto de partida en los desencadenantes iniciales, que son situaciones, eventos o estímulos que inician la cadena de reacciones que culminan en la experiencia de la ansiedad. Vamos a explorar más detalladamente ese estadio crucial del ciclo de la ansiedad:

Naturaleza de los desencadenantes: Los desencadenantes pueden ser diversos, incluyendo situaciones de estrés en el trabajo, eventos traumáticos pasados, incertidumbres sobre el futuro, miedos específicos (como miedo a volar, arañas, lugares cerrados) o incluso una reacción a un ambiente particular, como grandes multitudes o espacios abiertos.

Individualidad de los desencadenantes: Cada persona posee sus propias sensibilidades y gatillos únicos que desencadenan la ansiedad. Lo que puede ser un gatillo para una persona puede no afectar a otra de la misma manera.

Esa individualidad es resultado de experiencias de vida, personalidad, historia personal, y otros factores que moldean las percepciones y respuestas de cada individuo.

Variedad de desencadenantes: Los desencadenantes pueden variar en intensidad y frecuencia. Algunos desencadenantes pueden ser ocasionales, mientras que otros pueden ser persistentes. Pueden surgir inesperadamente o ser previsibles. La amplia variedad de desencadenantes hace que la comprensión individualizada sea esencial en el proceso de manejar la ansiedad.

Reacciones a los desencadenantes: Las reacciones a los desencadenantes pueden incluir una respuesta emocional inmediata, como miedo, ansiedad, pánico, tristeza o ira. Estas reacciones emocionales a menudo desencadenan una serie de reacciones físicas, cognitivas y conductuales, desencadenando el ciclo de ansiedad.

Conexión con experiencias pasadas: Traumas pasados, experiencias negativas o incluso experiencias positivas pueden moldear la sensibilidad a los desencadenantes. La asociación de una situación actual con experiencias anteriores puede intensificar la reacción de ansiedad, creando una conexión entre el pasado y el presente.

Identificación y manejo: Identificar los desencadenantes es un paso fundamental para manejar la ansiedad. Esto permite desarrollar estrategias de afrontamiento adecuadas para lidiar con esas situaciones de manera saludable y constructiva, rompiendo el ciclo vicioso de la ansiedad.

Entender la naturaleza y la individualidad de los desencadenantes iniciales es crucial para desarrollar estrategias eficaces de afrontamiento e interrumpir el ciclo de ansiedad. Al reconocer y comprender lo que desencadena la ansiedad, las personas pueden trabajar en la prevención y el manejo eficaz de esas situaciones para mejorar su calidad de vida y bienestar emocional.

Respuesta de Lucha o Huida: Activación del Cuerpo

La respuesta de lucha o huida es una reacción automática e instintiva que ocurre ante desencadenantes percibidos como amenazantes. En la ansiedad, esa respuesta es activada por el sistema nervioso autónomo y resulta en una serie de alteraciones físicas y hormonales. Vamos a profundizar en la comprensión de esa respuesta fundamental al ciclo de la ansiedad:

Naturaleza de la respuesta de lucha o huida: La respuesta de lucha o huida es una respuesta primitiva que tiene la función de preparar el organismo para enfrentar o huir de una amenaza percibida. Incluso en situaciones modernas, esa respuesta persiste y puede ser desencadenada por estímulos percibidos como peligrosos o estresantes.

Sistema nervioso autónomo: El sistema nervioso autónomo, compuesto por los sistemas nerviosos simpático y parasimpático, desempeña un papel central en la respuesta de lucha o huida. Cuando activado, prepara el cuerpo para acción inmediata.

Liberación de hormonas del estrés: La activación de la respuesta de lucha o huida desencadena la liberación de hormonas del estrés, como la adrenalina y el cortisol, en la corriente sanguínea. Esas hormonas preparan el cuerpo para una respuesta eficaz ante la amenaza percibida.

Adrenalina: La adrenalina es una hormona que prepara el cuerpo para la acción inmediata. Aumenta la frecuencia cardíaca, eleva la presión arterial, dilata las vías respiratorias, aumenta la energía disponible y aguza los sentidos. Esas alteraciones físicas preparan el cuerpo para reaccionar rápidamente.

Cortisol: El cortisol es otra hormona liberada durante la respuesta de lucha o huida. Aumenta la glucosa en sangre para proporcionar energía rápida a los músculos y al cerebro. El cortisol también suprime funciones no esenciales en momentos de estrés, como la digestión.

Reacciones físicas preparatorias: Además de la liberación de hormonas, el cuerpo responde con cambios físicos inmediatos, incluyendo dilatación de las pupilas, aumento de la frecuencia cardíaca, respiración más rápida y superficial, aumento de la sudoración y contracción muscular. Esas reacciones preparan el cuerpo para la acción, ya sea para luchar contra la amenaza o huir de ella.

Propósito evolutivo: La respuesta de lucha o huida fue crucial para la supervivencia de nuestros ancestros humanos, permitiéndoles reaccionar rápidamente ante depredadores o situaciones peligrosas. Aunque nuestra vida moderna presenta desafíos diferentes, esta respuesta sigue activada en situaciones de estrés y ansiedad.

Comprender la activación del cuerpo durante la respuesta de lucha o huida en la ansiedad es fundamental para abordar el ciclo de ansiedad de forma eficaz. Las estrategias de manejo del estrés y la ansiedad pueden dirigirse a modular esta respuesta y promover un equilibrio entre la reacción al estrés y el bienestar emocional.

Manifestación Física y Emocional: Sensaciones de Ansiedad

Cuando la respuesta de lucha o huida es desencadenada por la ansiedad, se manifiesta en varias sensaciones físicas y emocionales que pueden ser abrumadoras e intensificar la sensación de ansiedad. Vamos a explorar más a fondo estas manifestaciones:

Aceleración cardíaca: Una de las manifestaciones físicas más comunes es la aceleración del ritmo cardíaco. El corazón comienza a latir más rápido como parte de la preparación para una posible acción de afrontamiento.

Respiración superficial o entrecortada: La respiración puede volverse más superficial y rápida. Esto ocurre para garantizar que el cuerpo reciba suficiente oxígeno para enfrentar la situación percibida como amenazante.

Tensión muscular: La activación del sistema nervioso autónomo durante la ansiedad resulta en tensión muscular generalizada. Los músculos pueden ponerse tensos y rígidos, contribuyendo a sensaciones incómodas.

Sudoración excesiva: La ansiedad puede desencadenar una respuesta de sudoración excesiva, resultando en manos sudorosas, palmas sudorosas, y en algunos casos, sudoración generalizada.

Mareos y vértigos: Algunos individuos pueden experimentar mareos o una sensación de vértigo. Esto está relacionado con la respuesta del sistema vestibular del oído interno al estrés.

Malestar gastrointestinal: La ansiedad puede afectar el tracto gastrointestinal, dando lugar a sensaciones de malestar abdominal, náuseas o diarrea.

Inquietud y sensación de agitación: Las personas ansiosas a menudo presentan inquietud física, como mover las piernas, balancear los pies o mover constantemente las manos.

Pensamientos intrusivos: La mente puede inundarse de pensamientos preocupantes e intrusivos relacionados con la situación estresante. Estos pensamientos pueden volverse obsesivos.

Miedo y preocupaciones intensificadas: La respuesta de lucha o huida puede amplificar el miedo y la preocupación sobre la situación desencadenante, resultando en una espiral de ansiedad.

Sensación de peligro inminente: Una sensación general de peligro inminente o de una amenaza inminente es común durante un episodio de ansiedad activado por el ciclo de lucha o huida.

Estas manifestaciones físicas y emocionales de la ansiedad pueden ser abrumadoras y contribuir a un ciclo de ansiedad persistente. Comprender estas manifestaciones es crucial para desarrollar estrategias eficaces de afrontamiento, incluyendo técnicas de relajación, meditación y terapia cognitivo-conductual, que apuntan a calmar el cuerpo y la mente, romper el ciclo de ansiedad y promover la recuperación mental.

Patrones de Pensamiento Negativos: Ciclo Cognitivo

Los patrones de pensamiento negativos desempeñan un papel fundamental en el ciclo de la ansiedad, influyendo en cómo percibimos y respondemos a situaciones desencadenantes. Vamos a explorar más detalladamente ese ciclo cognitivo y cómo se relaciona con la ansiedad:

Anticipación del peor escenario: Durante un episodio de ansiedad, la mente tiende a anticipar el peor escenario posible en relación a la situación desencadenante. Esa anticipación excesiva y pesimista puede intensificar la ansiedad.

Catastrofización: La tendencia a catastrofizar se amplifica en la ansiedad. Las personas pueden imaginar las peores consecuencias de una situación, incluso si son altamente improbables. Esa amplificación del peligro puede llevar a un aumento exponencial de la ansiedad.

Preocupación excesiva: La mente ansiosa puede entrar en un ciclo de preocupación excesiva. Los pensamientos continúan girando en torno a la situación, muchas veces repitiendo los mismos miedos e incertidumbres, llevando a un aumento del estado de ansiedad.

Pensamientos autodespectivos: Durante la ansiedad, la autoestima puede verse comprometida. Los individuos pueden tener pensamientos negativos sobre sí mismos, dudando de sus habilidades y competencias. Esos pensamientos autodespectivos pueden intensificar la ansiedad.

Autocrítica constante: La autocrítica es común en la ansiedad. Las personas pueden criticarse de manera implacable, centrándose en los errores percibidos o en supuestas fallas, lo que puede alimentar aún más la ansiedad y el miedo.

Rumorear sobre el pasado: La mente ansiosa a menudo se queda atrapada en eventos pasados, revisitando situaciones en las que se sintió ansiosa o insegura. Ese hábito de rumiar puede intensificar la ansiedad al reforzar patrones de pensamiento negativos.

Exageración de la gravedad de la situación: Los patrones de pensamiento negativos pueden llevar a una visión exagerada de la gravedad de la situación. Las preocupaciones pueden amplificarse, resultando en ansiedad excesiva.

Hipervigilancia: La ansiedad puede llevar a una vigilancia excesiva en relación a posibles amenazas. Esto significa que los individuos están constantemente atentos a señales de peligro, lo que perpetua el ciclo de ansiedad.

Comportamientos de Evitación y Seguridad: Respuestas Adaptativas

Los comportamientos de evitación y seguridad son estrategias que las personas adoptan para lidiar con la ansiedad. Vamos a profundizar en nuestra comprensión sobre estas respuestas adaptativas y cómo influyen en el ciclo de la ansiedad:

Evasión: La evasión implica evitar o alejarse de situaciones, actividades o lugares que son percibidos como desencadenantes de ansiedad. Puede incluir evitar reuniones sociales, espacios concurridos, presentaciones públicas o cualquier escenario que cause incomodidad. La evasión proporciona un alivio inmediato, pero mantiene la ansiedad a largo plazo, ya que la persona no enfrenta y supera sus preocupaciones.

Búsqueda de garantías: Algunas personas buscan garantías para sentirse más seguras en situaciones ansiosas. Esto puede incluir pedir repetidamente la opinión de otros para validar sus decisiones, buscar constantemente información sobre una situación o realizar verificaciones repetitivas para asegurarse de que todo está en orden. Esta búsqueda de garantías alivia temporalmente la ansiedad, pero no resuelve la causa subyacente.

Rituales repetitivos: Los rituales repetitivos, también conocidos como compulsiones, son acciones o comportamientos realizados de forma repetitiva en respuesta a la ansiedad. Pueden incluir lavarse las manos en exceso, verificar las puertas varias veces, contar compulsivamente o realizar movimientos específicos. Estos rituales ofrecen una sensación de control temporal sobre la ansiedad, pero, a largo plazo, contribuyen al mantenimiento de la ansiedad.

Evasión de situaciones incómodas: Evitar situaciones que desencadenan ansiedad es una forma común de comportamiento de evitación. Las personas pueden evitar situaciones sociales, desafíos en el trabajo, o incluso actividades diarias que temen que puedan desencadenar ansiedad. La evitación limita la exposición a la ansiedad, pero también limita el crecimiento personal y la superación de las preocupaciones.

Dependencia de "zonas de confort": Algunas personas crean zonas de confort, donde se sienten seguras y menos ansiosas. Pueden apegar a entornos o actividades específicas que les proporcionan comodidad, negándose a salir de esas zonas. Aunque pueden sentir alivio temporal, esta dependencia de las zonas de confort no aborda la ansiedad subyacente y puede llevar a una vida limitada.

Patrones de evitación generalizados: Con el tiempo, la evasión puede volverse generalizada, lo que lleva a la evitación de una amplia variedad de situaciones. Esto restringe la vida de la persona, creando barreras para el crecimiento personal y la realización de metas.

Estos comportamientos de evitación y seguridad son comprendidos como mecanismos de afrontamiento que ofrecen alivio momentáneo de la ansiedad. Sin embargo, a largo plazo, mantienen la ansiedad y contribuyen a la persistencia del ciclo de la ansiedad.

Refuerzo del Ciclo: Aprendizaje y Condicionamiento

Ahondando en nuestra comprensión de cómo se perpetúa la ansiedad, vamos a explorar la fase de refuerzo del ciclo, que implica aprendizaje y condicionamiento. Este proceso desempeña un papel crucial en la persistencia de la ansiedad y en su intensificación a lo largo del tiempo:

Aprendizaje asociativo: Cada vez que una persona experimenta la respuesta de lucha o huida en una determinada situación ansiosa, se produce un proceso de aprendizaje asociativo en el cerebro. Este asocia los estímulos o situaciones desencadenantes con los sentimientos de ansiedad que experimentó. Por ejemplo, si una persona siente ansiedad durante una presentación pública, su mente asocia esa situación específica (escenario, audiencia, etc.) con los síntomas de ansiedad.

Refuerzo de la ansiedad: Este aprendizaje asociativo refuerza la respuesta de ansiedad. Cada vez que la persona se expone a la situación temida, el cerebro reafirma esa asociación ansiosa. Así, la ansiedad aumenta y se convierte en una respuesta automática ante esos estímulos.

Condicionamiento clásico: Este proceso es similar al condicionamiento clásico, un concepto ampliamente estudiado en psicología. El estímulo neutro original (la situación) se convierte en un estímulo condicionado que provoca una respuesta de ansiedad similar a la situación real. El cerebro aprende a esperar ansiedad en presencia de esos estímulos condicionados.

Sensibilización: Con el tiempo y la repetición de este proceso, se produce la sensibilización. Esto significa que la ansiedad se intensifica con el tiempo, volviéndose más pronunciada y difícil de controlar. El ciclo de la ansiedad se perpetúa, y afrontar las situaciones temidas puede volverse aún más desafiante.

Dificultad para romper el ciclo: La sensibilización y el condicionamiento resultan en un ciclo autoperpetuante. El cerebro está ahora altamente sensibilizado para asociar esos estímulos a la ansiedad, lo que dificulta la interrupción del ciclo. Incluso situaciones inicialmente no ansiosas pueden empezar a evocar ansiedad debido a este condicionamiento.

Comenzar a entender esta dinámica de refuerzo es crucial para abordar la ansiedad de manera eficaz.

Persistencia e Intensificación: El Ciclo Perpetuo

Vamos a profundizar en nuestra comprensión de la fase de persistencia e intensificación en el ciclo autoperpetuante de la ansiedad, comprendiendo cómo este ciclo se fortalece y persiste a lo largo del tiempo:

Automatización de la respuesta ansiosa: A medida que el ciclo de la ansiedad se repite, la respuesta ansiosa se automatiza. El cerebro crea una conexión fuerte y rápida entre los desencadenantes y la respuesta de ansiedad, lo que lleva a una reacción prácticamente instantánea.

Ampliación del abanico de situaciones ansiosas: Con el tiempo, la ansiedad puede generalizarse más allá de las situaciones o estímulos iniciales. Inicialmente asociada a determinados desencadenadores, la ansiedad comienza a ser activada por una gama más amplia de estímulos relacionados o no con la situación original.

Ciclo que se refuerza mutuamente: La intensificación de la ansiedad y su generalización resultan en un ciclo que se refuerza mutuamente. La ansiedad generalizada amplifica la sensación de peligro percibido, alimentando el ciclo y haciéndolo más difícil de interrumpir.

Dificultad para distinguir causa y efecto: Con la intensificación del ciclo, se vuelve desafiante para la persona discernir lo que vino primero: la ansiedad o la situación que la desencadena. Este proceso dificulta la identificación precisa de las raíces de la ansiedad, complicando la intervención eficaz.

Perpetuación inconsciente: Parte de este ciclo ocurre de forma inconsciente. Los patrones de respuesta ansiosa pueden ser tan automáticos y sutiles que la persona puede no percibir conscientemente que está atrapada en este ciclo autoperpetuante.

Necesidad de intervención consciente: Dada la automatización y la generalización de la ansiedad, es necesario un esfuerzo consciente e intervención terapéutica para romper este ciclo. Estrategias terapéuticas específicas, como técnicas de exposición, reestructura cognitiva y regulación emocional, son vitales para ayudar a interrumpir la intensificación y persistencia de la ansiedad.

Comenzar a entender esta fase del ciclo autoperpetuante es fundamental para elaborar estrategias terapéuticas eficaces que puedan desafiar y modificar estos patrones, promoviendo una respuesta más adaptativa a las situaciones que desencadenan ansiedad y, así, rompiendo el ciclo persistente de ansiedad.

Al identificar los puntos de intervención e implementar estrategias eficaces, podemos interrumpir el ciclo autoperpetuante e iniciar nuestra jornada hacia la recuperación y el bienestar mental.

MÉTODOS PARA ROMPER EL CICLO Y PROMOVER LA RECUPERACIÓN

Romper el ciclo autoperpetuante de la ansiedad es esencial para aliviar la angustia y promover una mejor salud mental y física. Vamos a explorar estrategias y métodos eficaces para interrumpir este ciclo vicioso e iniciar el proceso de recuperación.

Concienciación y Educación

El primer paso crucial es la concienciación sobre la naturaleza del ciclo de la ansiedad. Entender cómo los desencadenantes, las respuestas físicas y los patrones de pensamiento están interconectados es fundamental. La educación sobre la ansiedad, sus síntomas y sus efectos ayuda a la persona a reconocer cuando el ciclo está empezando y a tomar medidas para interrumpirlo.

Práctica de la Exposición Gradual

La exposición gradual es una de las estrategias más eficaces para superar la evitación. Gradualmente, comience a exponerse a las situaciones que le hacen sentir ansiedad, empezando por las menos temidas. Poco a poco, vaya afrontando situaciones más desafiantes. Esto ayuda a desactivar la respuesta de ansiedad y a mostrar a su cerebro que la situación no es tan peligrosa como parece.

Técnicas de Relajación

Las prácticas de relajación, como la respiración profunda, la meditación, el yoga y el mindfulness, pueden ayudar a reducir la activación del sistema nervioso simpático. Al calmar el cuerpo y la mente, puede interrumpir el ciclo de la ansiedad, reduciendo la respuesta física al estrés.

Búsqueda de Ayuda Profesional

Un profesional de la salud mental, como un psicólogo o psiquiatra, puede proporcionar orientación especializada para entender y afrontar la ansiedad. La terapia cognitivo-conductual (TCC) es un tratamiento común y altamente eficaz para los trastornos de ansiedad.

Estilo de Vida Saludable

Mantener un estilo de vida saludable, incluyendo una dieta equilibrada, ejercicio regular y una rutina de sueño adecuada, puede ayudar a equilibrar los neurotransmisores y promover un estado mental más estable, auxiliando en la ruptura del ciclo de la ansiedad.

Aprender Estrategias de Afrontamiento

Desarrollar habilidades de afrontamiento saludables, como resolución de problemas, pensamiento positivo y comunicación asertiva, puede ayudar a lidiar con las situaciones desencadenantes de manera más eficaz, rompiendo el ciclo de la ansiedad.

Práctica de Mindfulness

La práctica regular de mindfulness ayuda a mantenerse en el presente, evitando que la ansiedad sobre el futuro y el remordimiento por el pasado lo atrapen. Esto puede interrumpir el ciclo autoperpetuante, permitiéndole concentrarse en acciones positivas y constructivas.

Incorporar Actividades de Relajación en la Rutina Diaria

Incorporar actividades de relajación en su rutina diaria, incluso en los momentos no ansiosos, puede ayudar a regular el estrés y evitar que se acumule, rompiendo el ciclo de ansiedad.

Apoyo Social

Hablar con amigos, familiares o participar en grupos de apoyo puede proporcionar el apoyo necesario para romper el ciclo de la ansiedad. Compartir experiencias y aprender de los demás puede ser muy útil en el viaje de recuperación.

Cuidado con el Autocuidado

Practica el autocuidado de forma consistente. Tómese tiempo para usted mismo, haga cosas que le hagan sentir bien, cuide de su salud física y emocional. Un cuerpo y mente sanos son más capaces de romper el ciclo de la ansiedad.

El ciclo vicioso de la ansiedad es una trampa compleja, pero no es invencible. En el capítulo anterior, exploramos en detalle cómo la ansiedad puede convertirse en un ciclo autoperpetuante, alimentado por pensamientos, respuestas físicas y emociones interconectadas. La comprensión es el primer paso vital para superar esta trampa. Ahora, nos centramos en estrategias prácticas y accesibles para romper este ciclo, recuperar el control y trabajar hacia una vida más equilibrada y serena.

El camino para superar la ansiedad pasa por el autocontrol. En el próximo capítulo, nos sumergiremos en estrategias valiosas para ayudarte a tomar el control y recuperar la paz interior. Desde prácticas diarias hasta técnicas profundas de autorreflexión, aprenderemos a cultivar la resiliencia y encontrar la paz en medio de la tormenta de la ansiedad. Estas estrategias no son sólo herramientas; son invitaciones a una nueva forma de vida, con confianza y claridad.

8

ESTRATEGIAS DE AUTOGESTIÓN

Sé el maestro de tu propia calma, compone tu melodía y armoniza tu ser.

Vivimos en un mundo en constante movimiento, lleno de demandas, expectativas y desafíos. En este escenario, es común que la ansiedad se manifieste, a menudo convirtiéndose en una compañera no deseada en nuestra vida cotidiana. La ansiedad puede variar de leve a intensa, impactando nuestra calidad de vida y bienestar. Sin embargo, no estamos condenados a ser rehenes de la ansiedad. Podemos desarrollar estrategias prácticas y eficaces para gestionarla y promover nuestro propio equilibrio emocional.

Este capítulo es un viaje por el universo de las estrategias de autogestión de la ansiedad. Vamos a explorar métodos probados que pueden ayudar a aliviar la ansiedad y traer serenidad a nuestra vida. Son herramientas a nuestro alcance, esperando para ser aplicadas e integradas a nuestro día a día.

Entenderemos la importancia de la aceptación, del ejercicio físico, de la reestructuración cognitiva y de otras prácticas que demuestran ser eficaces en la reducción de los niveles de ansiedad. Además, vamos a adentrarnos en el reino de la respiración consciente, del relax progresivo y de la atención plena, técnicas poderosas que nos conectan con el presente y nos ayudan a encontrar paz interior.

Al adoptar estas estrategias, no sólo estamos combatiendo los síntomas de la ansiedad. Estamos cultivando una mentalidad resiliente, fortaleciendo nuestra capacidad para afrontar desafíos y promoviendo nuestra salud mental y física.

ESTRATEGIAS PRÁCTICAS PARA ENFRENTAR MOMENTOS DE ALTA ANSIEDAD

Cuando nos enfrentamos a momentos de alta ansiedad, es esencial poseer estrategias prácticas que nos ayuden a navegar por esas aguas turbulentas de forma eficaz y saludable. La ansiedad intensa puede manifestarse en situaciones diversas, desde antes de una presentación importante hasta en situaciones de gran incertidumbre. Son estrategias prácticas que pueden ayudar a enfrentar tales momentos y retomar el control sobre nuestras emociones:

Respiración Consciente (o Técnica de la Respiración Profunda)

La respiración consciente es una herramienta poderosa para aliviar la ansiedad inmediatamente. Ayuda a calmar el sistema nervioso, reduciendo la frecuencia cardíaca y la presión arterial. Un ejercicio simple es inspirar lentamente por la nariz, contando hasta cuatro, sostener la respiración por cuatro segundos y, luego, expirar por la boca contando nuevamente hasta cuatro. Repetir ese ciclo algunas veces puede traer un alivio inmediato.

Práctica de la Aceptación y Compromiso (ACT)

La ACT es un enfoque que involucra aceptar los pensamientos y sentimientos sin juicio, permitiendo que pasen por la mente sin luchar contra ellos. A continuación, se compromete a actuar de acuerdo con los valores personales, incluso en la presencia de esos pensamientos incómodos. Esto ayuda a evitar la lucha contra la ansiedad, lo que a menudo la intensifica.

Ejercicios Físicos Regularmente

La práctica regular de ejercicios físicos, como caminata, carrera, yoga o danza, libera endorfinas, neurotransmisores que alivian el estrés y la ansiedad. Además, el ejercicio ayuda a mantener un sueño saludable, lo que es crucial para controlar la ansiedad.

Práctica de Mindfulness y Meditación

La atención plena (mindfulness) y la meditación pueden ayudar a calmar la mente y a cultivar la conciencia del momento presente. Al concentrarse en la respiración o en un objeto específico, podemos alejar los pensamientos ansiosos y encontrar un estado de calma y equilibrio.

Establecimiento de Metas Realistas

Definir metas realistas y alcanzables ayuda a reducir la ansiedad relacionada al desempeño. Establecer objetivos específicos, medibles, alcanzables, relevantes y con plazo (conocidos como metas SMART) puede proporcionar una sensación de control y disminuir la ansiedad.

Técnicas de Relajación Muscular Progresiva

Esta técnica involucra contraer y relajar intencionalmente los grupos musculares, comenzando por los pies y subiendo hasta la cabeza. Este proceso ayuda a liberar la tensión física y mental, promoviendo la sensación de relajación.

Desarrollo de Hobbies Relajantes

Practicar hobbies relajantes, como pintura, jardinería, cocina o escuchar música, puede proporcionar una pausa de las fuentes de estrés y ansiedad, permitiendo un tiempo para descanso y rejuvenecimiento.

Práctica de Diálogo Interno Positivo

Desarrollar un diálogo interno positivo y alentador puede ayudar a revertir patrones de pensamiento negativos. Incentivarse a sí mismo con palabras de apoyo puede cambiar la perspectiva y reducir la ansiedad.

Adoptar estas estrategias prácticas en momentos de alta ansiedad puede hacer una diferencia significativa, capacitándonos a enfrentar desafíos de manera más equilibrada y resoluta. Cada persona es única, por lo que es importante experimentar y descubrir qué estrategias funcionan mejor para ti. Lo importante es que estas prácticas estén alineadas con tus valores y contribuyan a tu salud mental y bienestar.

TÉCNICAS DE RESPIRACIÓN, RELAJACIÓN Y MINDFULNESS PARA CONTROLAR LA ANSIEDAD

Controlar la ansiedad puede lograrse a través de técnicas de respiración, relajación y mindfulness. Estas estrategias son eficaces para calmar la mente, aliviar el estrés y ayudar a restablecer el equilibrio interno. A continuación, profundizaremos en estas prácticas y cómo pueden ser aplicadas de forma eficaz:

Técnicas de Respiración

La respiración es una herramienta poderosa para el control de la ansiedad, ya que está directamente ligada a nuestro sistema nervioso y al estado emocional. Utilizar técnicas de respiración puede ayudar a calmar la mente, reducir el estrés y proporcionar una sensación de relajación. Vamos a explorar algunas de estas técnicas:

Respiración diafragmática (o respiración abdominal): Esta técnica implica respirar profundamente, llenando primero el abdomen, luego el pecho. Al inspirar, el abdomen se expande, y al expirar, se contrae. Esto ayuda a calmar el sistema nervioso y a reducir la ansiedad.

Cómo hacer:

1. Siéntate o túmbate cómodamente.
2. Coloca una mano en el pecho y la otra en el abdomen.
3. Inspira lentamente por la nariz, llenando primero el abdomen y luego el pecho.

4. Expire por la boca o la nariz, liberando el aire del pecho y después del abdomen.

Patrón de respiración 4-7-8: En este patrón, se inspira por la nariz contando hasta cuatro, se mantiene la respiración durante siete segundos y se expira por la boca contando hasta ocho. Repita este ciclo varias veces. Ayuda a calmar la mente e inducir el sueño.

Cómo hacer:

1. Cierra los ojos y coloca la punta de la lengua en el paladar, justo detrás de los dientes superiores.
2. Expire completamente por la boca, haciendo un sonido de "quh" mientras el aire sale.
3. Cierra la boca e inspira silenciosamente por la nariz, contando mentalmente hasta cuatro.
4. Sostén la respiración y cuenta hasta siete.
5. Expire por la boca lentamente, contando hasta ocho, haciendo nuevamente el sonido de "quh".

Respiración alternada (Nadi Shodhana): Es una técnica de respiración usada en el yoga. Consiste en alternar las narinas durante la respiración, lo que equilibra los hemisferios cerebrales, proporcionando un efecto calmante.

Cómo hacer:

1. Siéntate en una posición cómoda con la columna erguida.
2. Usa el pulgar para cerrar la narina derecha e inspira lentamente por la narina izquierda.

3. Después de la inspiración completa, cierra la narina izquierda con el dedo anular y sostiene la respiración por algunos segundos.

4. Libera la narina derecha y expira lentamente por ella.

5. Inspira por la narina derecha, ciérrala, y expira por la narina izquierda.

6. Continúa alternando de esta manera.

Estas técnicas de respiración son herramientas valiosas para calmar la mente y el cuerpo en momentos de ansiedad. Practicarlas regularmente puede mejorar la capacidad de respuesta al estrés, proporcionando tranquilidad y equilibrio emocional. La elección de la técnica dependerá de la situación y de sus preferencias personales. Experimente cada una de ellas e incorpórelas en su rutina para cosechar los beneficios duraderos.

Técnicas de Relajación

Además de las técnicas de respiración, existen diversas aproximaciones de relajación que pueden ser muy eficaces para aliviar la ansiedad y el estrés. Estas técnicas buscan reducir la tensión muscular, calmar la mente y crear un estado de tranquilidad. Vamos a explorar algunas de ellas:

Relajación muscular progresiva: Esta técnica implica contraer y relajar grupos musculares, comenzando por los pies y subiendo hasta la cabeza. Ayuda a liberar la tensión acumulada en el cuerpo.

Cómo hacer:

1. Siéntate o túmbate cómodamente.
2. Comienza contrayendo los músculos de los pies por algunos segundos y luego relájalos completamente.
3. Prosigue contrayendo y relajando gradualmente cada grupo muscular, subiendo de los pies a la cabeza.
4. Al contraer, siente la tensión en los músculos y, al relajar, siente la liberación de la tensión.

Visualización guiada: Consiste en imaginar un ambiente o situación relajante. Puede crear una escena pacífica en su mente y concentrarse en ella para reducir la ansiedad.

Cómo hacer:

1. Encuentra un lugar tranquilo y siéntate o túmbate cómodamente.
2. Cierra los ojos y respira profundamente para relajarte.
3. Crea una escena relajante en tu mente - puede ser una playa, un bosque o cualquier lugar que te traiga tranquilidad.
4. Visualiza todos los detalles de esta escena, desde los colores hasta los sonidos y aromas.

Biofeedback: Es un método que permite a una persona aprender a controlar funciones corporales, como frecuencia cardíaca, presión arterial y tensión muscular. A través de este feedback, se puede aprender a relajarse conscientemente.

Cómo hacer:

1. Busca un profesional de la salud especializado en biofeedback.
2. Durante una sesión, sensores monitorizarán tus funciones corporales.
3. Con la orientación del profesional, aprenderás técnicas para controlar y reducir estas funciones.

Estas técnicas de relajación son valiosas para reducir la ansiedad, promover el bienestar y mejorar la salud mental. Incorporar estas prácticas en su rutina diaria puede hacer una diferencia significativa en cómo usted lidia con el estrés y la ansiedad. Experimente cada una de ellas y descubra la que más se adapte a su estilo de vida y necesidades. La práctica regular de estas técnicas puede ayudar a alcanzar un estado de calma y equilibrio.

Prácticas de Mindfulness

El mindfulness, una práctica antigua con raíces en la meditación budista, es una herramienta poderosa para gestionar la ansiedad. Implica la atención plena y consciente al momento presente, permitiendo una comprensión más profunda de nosotros mismos y del mundo que nos rodea. Vamos a explorar algunas prácticas de mindfulness que pueden ayudar a reducir la ansiedad y promover el bienestar mental:

Meditación mindfulness: La meditación mindfulness es uno de los pilares fundamentales de esta práctica. Implica dedicar tiempo a concentrarse en tu respiración y en el momento presente. Siéntate cómodamente, presta atención a tu respiración y, cuando tu mente divague (lo que es normal), trae suavemente tu atención de vuelta a tu respiración. Esto ayuda a calmar la mente y a crear un estado de tranquilidad.

Atención plena a las sensaciones del cuerpo: Esta técnica dirige tu atención a las sensaciones físicas de tu cuerpo. Siéntate en un lugar tranquilo y presta atención a las sensaciones de tu cuerpo: la presión contra la silla, la sensación del suelo bajo tus pies, la temperatura de la piel. Esto te ayuda a conectarte con el momento presente y a alejar los pensamientos ansiosos.

Observación no juzgadora de pensamientos: La observación no juzgadora de los pensamientos es una práctica de aceptación. En lugar de juzgar o reaccionar emocionalmente a tus pensamientos, simplemente obsérvenlos. Reconoce que están ahí, pero no te involucres con ellos emocionalmente. Esto puede traer una comprensión más clara de tus patrones de pensamiento y ayudarte a liberar la ansiedad asociada a ellos.

A lo largo de este capítulo, hemos sumergido en las profundidades de las estrategias de autogestión, conociendo valiosas herramientas para enfrentar y controlar la ansiedad. Desde las técnicas de respiración que nos ayudan a encontrar calma hasta los métodos de relajación que alivian las tensiones acumuladas, cada estrategia es una pieza importante en el rompecabezas de la gestión de la ansiedad.

El mindfulness, con su capacidad de mantenernos anclados en el presente, y la visualización, que nos transporta a entornos pacíficos, son poderosos recursos para equilibrar nuestra mente y cuerpo. La práctica constante de estas técnicas puede verdaderamente transformar nuestra relación con la ansiedad y ofrecernos una mayor sensación de calma, mejor claridad mental y una respuesta más equilibrada al estrés. Recuerda, la clave es la práctica regular y la incorporación de estas técnicas en tu rutina para cosechar los beneficios a largo plazo.

En el próximo capítulo, exploraremos la resiliencia, una habilidad fundamental para prosperar ante las adversidades que la vida nos presenta. La resiliencia no es sólo la capacidad de resistir al estrés, sino también la habilidad de adaptarnos, aprender y crecer con las experiencias desafiantes. Juntos, descubriremos cómo podemos hacernos más resilientes, enfrentando los desafíos de forma valiente y transformándolos en oportunidades para nuestro crecimiento personal.

9
CONSTRUCCIÓN DE RESILIENCIA

Como un árbol resistente, doblarse con las tempestades, pero nunca romperse; crecer, florecer y desabrochar.

La vida es un ciclo de altibajos, desafíos y triunfos. En nuestro camino, enfrentamos turbulencias inesperadas, caídas que nos quitan el aliento y colisiones que desestabilizan nuestro equilibrio emocional. En este universo de incertidumbres y cambios, la resiliencia emerge como un ancla vital que nos mantiene firmes, permitiéndonos no sólo sobrevivir, sino prosperar ante las adversidades.

La resiliencia es mucho más que resistir a la tormenta. Es una orquestación magistral de nuestra fuerza interior y habilidad para transformar lo negativo en positivo, el sufrimiento en crecimiento personal. Se traduce en la capacidad de flexibilizar nuestra mente y corazón para adaptarse, aprender y evolucionar a partir de los desafíos que enfrentamos.

En este capítulo, exploraremos profundamente la construcción de la resiliencia, un viaje interior de autodescubrimiento y fortalecimiento. Aprenderemos cómo cultivar esta cualidad intrínseca, nutrirla y verla florecer en nosotros y en nuestra vida cotidiana. Desvelaremos las técnicas y mentalidades que nos ayudan a ser más resilientes, a transformar el dolor en sabiduría y la adversidad en crecimiento.

LA NATURALEZA DE LA RESILIENCIA

La resiliencia no es un don concedido a unos pocos afortunados, sino una habilidad que puede ser cultivada por todos nosotros. Es el arte de doblarse sin romperse, de encontrar esperanza cuando todo parece perdido y de emerger de las cenizas con una determinación renovada.

Esta fuerza interior nos capacita para transformar adversidades en oportunidades de crecimiento. Ante las situaciones más desafiantes, la resiliencia nos permite encontrar esperanza, aprender de las caídas y emerger con determinación renovada. Es un camino de superación, donde las cicatrices del pasado se convierten en cimientos para un futuro más sólido.

CÓMO DESARROLAR LA RESILIENCIA EMOCIONAL

La resiliencia es una cualidad dinámica, una fuerza que se adapta, evoluciona y se fortalece a lo largo del tiempo. Es como un músculo que puede ser ejercitado y tonificado. Cuanto más la practicamos, más se desarrolla, creciendo en intensidad y profundidad.

Desarrollar la resiliencia emocional es un viaje interior que requiere autoexploración, conciencia y acción consciente. Es una cualidad que, al igual que un músculo, puede ser fortalecida y perfeccionada con el tiempo. Vamos a sumergirnos profundamente en el arte de cultivar esta habilidad crucial, donde el autoconocimiento y la aceptación emocional desempeñan un papel fundamental.

Autoconocimiento y Aceptación Emocional

La resiliencia comienza dentro de nosotros, en la comprensión y aceptación de nuestras emociones. Conocer nuestros propios patrones emocionales, desencadenantes y reacciones es como trazar un mapa del terreno emocional que habitamos. Aceptar plenamente esas emociones, incluso las que consideramos difíciles o incómodas, es el primer paso para aprender a lidiar con ellas de manera saludable. Reconocer que todas las emociones tienen un propósito y son válidas es un acto de autocompasión que forma la base de nuestra resiliencia.

Red de Apoyo Social Sólida

Ninguno de nosotros está sólo en este viaje. Tener una red de apoyo social sólida es un pilar fundamental para la resiliencia emocional. Amigos, familiares o grupos de apoyo son fuentes preciosas de apoyo en tiempos de necesidad. La capacidad de compartir nuestras preocupaciones, miedos y desafíos con otros crea un sentido de pertenencia y alivia el peso emocional que cargamos. Al extender nuestra mano en busca de ayuda y al ofrecer ayuda cuando sea posible, estamos construyendo puentes esenciales que nos fortalecen en el largo camino de la vida.

Flexibilidad Cognitiva

Nuestra forma de interpretar y responder a los eventos es un aspecto crucial de la resiliencia emocional. Está ligada a nuestra flexibilidad cognitiva, que es la capacidad de adaptar nuestra forma de pensar ante situaciones desafiantes. Es esencial ser capaces de evaluar las situaciones desde diferentes perspectivas, cuestionar nuestras creencias y ajustar nuestras respuestas de acuerdo con la realidad en evolución. Cultivar una mente flexible y abierta nos ayuda a no quedarnos atrapados en patrones de pensamiento limitantes, permitiéndonos encontrar soluciones creativas y constructivas para los desafíos que enfrentamos.

Establecimiento de Metas y Enfoque en el Futuro

Establecer metas tangibles y realistas es una manera eficaz de dar dirección y propósito a nuestra vida. Incluso las metas más pequeñas pueden ser poderosas anclas para la resiliencia. Nos ayudan a mantener un sentido de progreso, creer en nuestro potencial y proporcionar una brújula para nuestro camino. Enfocarnos en el futuro, visualizar nuestras metas y creer que podemos alcanzarlas, incluso ante las dificultades, es un aspecto esencial de la resiliencia. Es un recordatorio constante de que hay luz al final del túnel, incluso en los momentos más oscuros.

Salud Física y Bienestar

La salud física y emocional están entrelazadas de forma intrincada. Mantener un estilo de vida saludable es una base sólida para la resiliencia emocional. Una alimentación equilibrada, ejercicios físicos regulares y sueño adecuado son pilares que fortalecen nuestro cuerpo, lo que, a su vez, apoya nuestra mente. Cuidar de nuestro bienestar físico no es sólo una cuestión de salud, sino una estrategia vital para construir resiliencia emocional. Un cuerpo sano es el suelo fértil en el que nuestra resiliencia emocional crece y florece.

Estos elementos forman la base sólida para el desenvolvimiento de la resiliencia emocional. Es una invitación a mirar hacia dentro, reconocer nuestras emociones, buscar apoyo, ser flexibles en nuestra manera de pensar, nutrir nuestros objetivos y cuidar de nuestro cuerpo. Juntos, ellos nos guían en la construcción de una resiliencia duradera, fortaleciéndonos para enfrentar las tormentas de la vida y emerger más fuertes que nunca.

CÓMO TRANSFORMAR LA ADVERSIDAD EN CRESCIMIENTO PERSONAL

La verdadera magia de la resiliencia emerge cuando somos capaces de transformar la adversidad en crecimiento personal. Vamos a explorar cómo podemos encontrar significado en nuestras luchas, cómo podemos aprender de nuestros fracasos y cómo podemos emerger más fuertes después de cada tormenta. La capacidad de extraer sabiduría y madurez de nuestras experiencias desafiantes es la verdadera esencia de la resiliencia.

Reevaluación Positiva

La reevaluación positiva es una poderosa estrategia psicológica que nos ayuda a transformar la adversidad en crecimiento personal. Vamos a explorar más detalladamente esta técnica transformadora:

Interpretando situaciones de forma positiva: La reevaluación positiva implica reinterpretar situaciones negativas bajo una luz positiva. En lugar de centrarse sólo en las dificultades y desventajas, se busca identificar los aspectos positivos y significativos de la experiencia desafiante.

Extracción de lecciones valiosas: La práctica de la reevaluación positiva nos permite extraer lecciones valiosas de nuestras experiencias desafiantes. Podemos aprender sobre nuestras propias fortalezas y debilidades, nuestros valores, y cómo enfrentar situaciones similares en el futuro de forma más eficaz.

Desarrollo de resiliencia: Al reevaluar una adversidad como una oportunidad de aprendizaje, desarrollamos resiliencia. Esto nos fortalece emocionalmente para enfrentar futuros desafíos, pues pasamos a ver cada situación difícil como un trampolín para nuestro desarrollo.

Cambio de la narrativa interna: Al alterar la forma en que interpretamos un revés, podemos cambiar nuestra narrativa interna. De una perspectiva negativa, podemos pasar a enjergar la situación como una oportunidad de crecimiento, realineando nuestra visión de nosotros mismos y del mundo.

Encontrando puntos de luz en las situaciones sombrías: La reevaluación positiva nos ayuda a encontrar puntos de luz incluso en las situaciones más sombrías. Puede ser un aprendizaje inesperado, una conexión más profunda con los demás o una comprensión más profunda de nosotros mismos. Estos puntos de luz nos proporcionan esperanza y motivación para seguir adelante.

Aumento del bienestar emocional: Al adoptar una perspectiva positiva, experimentamos un aumento en el bienestar emocional. Esto puede incluir un aumento de la felicidad, reducción del estrés y una sensación de paz interior, incluso ante las adversidades.

Aplicación en diferentes áreas de la vida: La reevaluación positiva puede aplicarse en varias áreas de la vida, como relaciones, carrera, salud y desafíos personales. Es una herramienta versátil que nos ayuda a enfrentar las vicisitudes de la vida con resiliencia y optimismo.

En resumen, la reevaluación positiva es una habilidad valiosa que nos capacita a transformar desafíos en oportunidades. Es un poderoso mecanismo de crecimiento personal que nos ayuda a encontrar significado y fuerza en las experiencias adversas, permitiéndonos crecer y florecer, independientemente de las circunstancias.

Crecimiento Postraumático

El crecimiento postraumático es un fenómeno psicológico en el que una persona, después de experimentar un trauma o evento altamente estresante, logra no sólo recuperarse emocionalmente, sino también crecer y madurar debido a la experiencia. Vamos a explorar en detalle esta notable capacidad de transformar la adversidad en crecimiento:

Adversidad como catalizador de transformación: El trauma puede actuar como un catalizador para una transformación profunda en la vida de una persona. Al enfrentar experiencias altamente estresantes, algunos individuos encuentran una fuerza interior antes desconocida y desarrollan un nuevo propósito y perspectiva de vida.

Cambio de perspectiva: El crecimiento postraumático a menudo está asociado a un cambio significativo de perspectiva. La persona comienza a ver el mundo de forma diferente, valorizando más las pequeñas cosas, las relaciones interpersonales y la propia vida.

Apreciación de la vida y las relaciones: Después del trauma, hay una valoración más profunda de la vida y las relaciones. La persona puede aprender a apreciar la vida cotidiana, reconociendo su fragilidad y, al mismo tiempo, cultivando relaciones más auténticas y significativas.

Resiliencia mejorada: Enfrentar y superar el trauma puede fortalecer la resiliencia de la persona. Puede desarrollar habilidades de afrontamiento más eficaces, lo que la ayuda a lidiar mejor con futuras adversidades y desafíos.

Mayor empatía y compasión: El trauma puede sensibilizar a la persona para el sufrimiento de los demás. Puede desarrollar una mayor empatía y compasión, transformando el dolor personal en una motivación para ayudar y apoyar a los demás.

Crecimiento espiritual: Algunas personas experimentan crecimiento espiritual después de un trauma, encontrando respuestas o significado en dimensiones espirituales de sus vidas. Esto puede proporcionar consuelo y fuerza durante la jornada de recuperación.

Aceptación de la impermanencia: El trauma puede enseñar a aceptar la impermanencia de la vida y la fragilidad del ser humano. Esa aceptación puede llevar a una actitud más serena en relación a las situaciones de la vida y al entendimiento de que todas las cosas, buenas o malas, son temporales.

Desarrollo de nuevos objetivos de vida: Después de un trauma, la persona puede reformular sus objetivos y metas de vida. Puede adoptar una nueva dirección, muchas veces más alineada con sus valores y deseos auténticos.

El crecimiento postraumático ilustra la notable resiliencia humana y la capacidad de transformar incluso las experiencias más devastadoras en oportunidades de crecimiento y fortalecimiento. Al aprender del pasado y cultivar una visión más positiva y compasiva, es posible emerger de un trauma no sólo sobreviviendo, sino verdaderamente creciendo y prosperando.

Mejoramiento de la Resiliencia a Través de la Adversidad

Enfrentar y superar adversidades es una jornada que puede mejorar nuestra resiliencia y fortalecer nuestro carácter. Cada desafío presenta una oportunidad valiosa para crecer y desarrollar habilidades importantes. Vamos a explorar en detalle cómo la adversidad puede convertirse en un medio de crecimiento y desarrollo:

Desarrollo de la resiliencia: La resiliencia es la capacidad de adaptarse y recuperarse después de experimentar desafíos y adversidades. La adversidad ofrece la oportunidad de fortalecer esa habilidad vital, ayudándonos a enfrentar futuros desafíos con más confianza.

Aprendizaje y adaptación: Cada desafío trae consigo lecciones valiosas. Podemos aprender de nuestros errores y dificultades, adaptándonos a las circunstancias y ajustando nuestra aproximación para futuras situaciones similares.

Ampliación de las habilidades emocionales: La adversidad a menudo nos coloca en contacto con una amplia gama de emociones. Aprender a reconocer, comprender y gestionar esas emociones es una parte crucial del crecimiento personal que puede hacernos más emocionalmente inteligentes y resilientes.

Cultivo de la determinación y perseverancia: Enfrentar adversidades nos desafía a persistir y mantener la determinación, incluso ante obstáculos. Ese cultivo de la perseverancia puede fortalecer nuestra mentalidad y ayudarnos a alcanzar nuestros objetivos a largo plazo.

Construcción de autonomía: La adversidad a menudo nos coloca en situaciones donde necesitamos tomar decisiones y asumir responsabilidad por nuestras acciones. Eso puede promover el desarrollo de la autonomía y la confianza en nuestras habilidades.

Fomento del crecimiento personal: Al superar desafíos, podemos crecer personalmente de varias maneras, como aumentar nuestra autoconciencia, fortalecer nuestros valores y encontrar un propósito más profundo en nuestras vidas.

Construcción de resolución de problemas: La adversidad nos desafía a resolver problemas de maneras innovadoras y eficaces. Desarrollamos habilidades de resolución de problemas que pueden aplicarse en varias áreas de nuestras vidas.

Fortalecimiento de las relaciones: Enfrentar desafíos puede crear una oportunidad para fortalecer nuestras relaciones. Compartir experiencias difíciles con amigos, familiares o grupos de apoyo puede crear conexiones más profundas.

La adversidad no es sólo una prueba; es un profesor exigente que nos desafía a crecer y mejorar nuestras habilidades. Cuando enfrentamos desafíos de manera constructiva y aprendemos de ellos, nos estamos preparando para un futuro más resiliente y gratificante. El viaje por el camino de la resiliencia comienza con el reconocimiento del potencial de crecimiento que cada desafío presenta.

Aceptación de la Impermanencia

La aceptación de la impermanencia es una filosofía de vida poderosa que reconoce que todo está sujeto a cambios constantes. Profundicemos nuestra comprensión sobre este concepto y cómo puede influir positivamente en nuestra forma de abordar la vida:

Concepto de impermanencia: La impermanencia es la naturaleza transitoria y mutable de todas las cosas. Nada permanece igual y eterno; todo está sujeto a cambios, desde los eventos más simples hasta las grandes fases de la vida.

Equilibrio ante los cambios: Aceptar la impermanencia nos ayuda a equilibrar nuestras emociones y actitudes ante los cambios. En lugar de resistirnos o temer a los cambios, aprendemos a fluir con ellos, manteniendo nuestra serenidad interior.

Cultivo de la aceptación: Aceptar la impermanencia implica cultivar una actitud de aceptación ante el flujo natural de la vida. Esto significa abrazar cada momento, independientemente de ser positivo o negativo, como parte de la jornada de la vida.

Reducción del sufrimiento: La resistencia a la impermanencia puede conducir al sufrimiento. Aceptarla ayuda a reducir ese sufrimiento, ya que comprendemos que la felicidad y la tristeza son temporales, y que la propia naturaleza de la vida es cíclica.

Mentalidad de desapego saludable: Entender la impermanencia lleva a una mentalidad de desapego saludable. No nos apegamos excesivamente a nada, sabiendo que todo puede cambiar. Esto libera la mente de las garras del miedo y la ansiedad.

Resiliencia ante los cambios: Aceptar la impermanencia ayuda a desarrollar resiliencia. Estamos más preparados para afrontar los cambios y desafíos que la vida nos presenta, ya que sabemos que la situación actual es sólo una fase y que puede ser superada.

Cultivo de la apreciación: Sabiendo que nada dura para siempre, aprendemos a apreciar más cada momento presente. Valoramos las buenas experiencias y aprendemos de las adversidades, ya que sabemos que son todas parte del flujo natural de la vida.

Espiritualidad y filosofía de vida: La aceptación de la impermanencia es una base fundamental en muchas tradiciones espirituales y filosofías de vida. Alienta la búsqueda de la paz interior, la sabiduría y la compasión.

Paz en el momento presente: Al aceptar la impermanencia, encontramos paz en el momento presente. No estamos preocupados por el pasado o el futuro, ya que sabemos que cada momento es único y valioso en sí mismo.

La práctica de la aceptación de la impermanencia nos ayuda a vivir con más gracia y flexibilidad, permitiendo que nuestra jornada en la vida fluya con naturalidad. Encontramos contentamiento en el presente, independientemente de lo que el futuro pueda traer, y abrazamos el cambio como parte inevitable y enriquecedora de nuestra existencia.

Cultivo de la Resiliencia en el Día a Día

La resiliencia es una habilidad valiosa que nos ayuda a enfrentar los desafíos de la vida con fuerza y adaptabilidad. Vamos a explorar maneras prácticas de cultivar la resiliencia en nuestro cotidiano para prepararnos mejor para los tiempos difíciles:

Autoconciencia y autogestión: Conocer nuestras emociones, pensamientos y reacciones es el primer paso para cultivar la resiliencia. Al estar conscientes de nosotros mismos, podemos gestionar nuestras emociones de manera eficaz durante los desafíos.

Establecimiento de metas realistas: Definir metas realistas y alcanzables nos ayuda a mantener el foco y la motivación. Al alcanzar esas metas, fortalecemos nuestra creencia en nuestra capacidad de enfrentar desafíos.

Desarrollo de la resolución de problemas: Aprendemos a abordar los problemas de forma estructurada y eficaz, buscando soluciones constructivas. Esa habilidad es fundamental para enfrentar desafíos de manera productiva.

Establecimiento de red de apoyo: Cultivar relaciones positivas y de apoyo es crucial. Tener una red de amigos, familiares o colegas con quienes podemos compartir nuestros desafíos nos da un soporte valioso.

Práctica de la gratitud y el contentamiento: Centrarnos en lo que tenemos y expresar gratitud ayuda a mantener una perspectiva positiva. Eso nos fortalece emocionalmente para enfrentar los momentos difíciles.

Adopción de estilo de vida saludable: Una dieta equilibrada, ejercicio físico regular y una buena calidad de sueño son esenciales para la resiliencia. Un cuerpo saludable ayuda a mantener una mente equilibrada y resistente.

Cultivo de pasatiempos e intereses: Tener actividades que nos apasionan puede ser un gran alivio del estrés y la presión diaria. Esas actividades nos ofrecen una válvula de escape y una oportunidad de renovar nuestra energía.

Fomento de la flexibilidad mental: La vida es inserta y, a menudo, no ocurre como planeamos. Aprender a adaptarse y ser flexible en varias situaciones es un atributo clave de la resiliencia.

Búsqueda de aprendizaje continuo: Estar abierto al aprendizaje y al crecimiento es vital. Cada experiencia, buena o mala, nos enseña algo. Extraer lecciones de los desafíos nos hace más fuertes.

Práctica de la atención plena y la meditación: La meditación y la práctica de la atención plena pueden ayudar a calmar la mente y a fortalecer nuestra capacidad de lidiar con el estrés y la adversidad.

Mantenimiento de una actitud positiva: Mantener una actitud positiva incluso en tiempos difíciles puede hacer una gran diferencia. El optimismo nos ayuda a enfrentar los desafíos con resiliencia y determinación.

Reconocimiento y aceptación de las emociones: Aceptar y procesar nuestras emociones, incluso las negativas, es fundamental. Eso nos ayuda a no quedarnos sobrecargados y a desarrollar una comprensión más profunda de nosotros mismos.

Cultivar la resiliencia en el día a día no sólo nos ayuda a enfrentar los desafíos inmediatos, sino que nos fortalece para enfrentar los desafíos futuros de manera más confiada y equilibrada. Es una aproximación proactiva para vivir una vida plena y significativa, independientemente de las circunstancias.

En este capítulo, profundizamos en la resiliencia emocional, explorando cómo puede ser desarrollada y cultivada a lo largo del tiempo. La resiliencia no es una cualidad innata, sino una habilidad que podemos nutrir y fortalecer. Descubrimos que el autoconocimiento, redes de apoyo sólidas, flexibilidad cognitiva, establecimiento de metas y cuidados con la salud física son los cimientos de la resiliencia.

Además, discutimos cómo la verdadera magia de la resiliencia se revela cuando transformamos la adversidad en crecimiento personal. La reevaluación positiva, el crecimiento postraumático y la capacidad de mejorar nuestra resiliencia a través de la adversidad son los pilares de este proceso transformador.

Ahora, mientras concluimos nuestra caminata de construcción de la resiliencia, estamos listos para avanzar y explorar cómo nuestro estilo de vida y bienestar desempeñan un papel crucial en nuestra salud mental y emocional. El próximo capítulo, nos llevará a una jornada hacia elecciones y hábitos que promueven nuestra felicidad, equilibrio y salud mental duradera. Vamos a aprender cómo nutrir nuestro cuerpo y mente para construir una vida plena y significativa.

10

ESTILO DE VIDA Y BIENESTAR

*Cada elección es un lienzo en blanco; pinta
tu cuadro de paz, coloreando tu vida con bienestar.*

El estilo de vida que elegimos y las prácticas que incorporamos a diario tienen un impacto profundo en nuestra salud física y mental. Desde la alimentación que elegimos hasta la forma en que gestionamos el estrés, cada decisión moldea nuestra calidad de vida y nuestra capacidad de lidiar con la ansiedad.

A lo largo de este capítulo, vamos a sumergirnos en estrategias prácticas para promover un estilo de vida más saludable y menos ansioso. Abordaremos la importancia de una dieta equilibrada y ejercicio físico, proporcionando perspectivas sobre cómo estos elementos fundamentales pueden ser aliados poderosos en la gestión de la ansiedad.

Descubre cómo pequeños cambios en tu rutina diaria, elecciones conscientes en relación a la alimentación y la práctica regular de actividades físicas pueden hacer una gran diferencia en tu viaje hacia el bienestar emocional y físico.

ESTRATEGIAS PARA PROMOVER UN ESTILO DE VIDA MÁS SALUDABLE Y MENOS ANSIOSO

Promover un estilo de vida saludable y menos ansioso es un compromiso consigo mismo para cultivar bienestar en todas las áreas de la vida. Son estrategias prácticas que lo ayudarán a alcanzar ese equilibrio deseado.

Práctica Regular de Ejercicios Físicos

La actividad física es una aliada poderosa en la búsqueda de una vida con menos ansiedad. Ya sea a través de una carrera matutina, una clase de yoga revitalizante o una simple caminata por el parque, el ejercicio libera endorfinas, neurotransmisores responsables de la sensación de bienestar. Introduzca una actividad física que le traiga alegría en su rutina diaria y disfrute de los beneficios tanto físicos como mentales.

Meditación y Prácticas de Relajación

Meditar y practicar técnicas de relajación como la respiración profunda y el mindfulness son como bálsamos para la mente ansiosa. Dedique unos minutos todos los días para desconectarse del mundo externo y conectarse consigo mismo. Al calmar la mente y disminuir el ritmo, encontrará claridad y paz interior.

Alimentación Equilibrada

Nuestra dieta desempeña un papel fundamental en nuestra salud mental. Opte por una dieta equilibrada y nutritiva, compuesta por frutas, verduras, cereales integrales, proteínas magras y grasas saludables. Evite alimentos procesados, exceso de azúcar y cafeína, ya que pueden desencadenar o agravar los síntomas de ansiedad.

Sueño de Calidad

El sueño es un componente crucial para la salud mental. Establezca una rutina de sueño consistente, cree un ambiente propicio para dormir y evite estimulantes antes de acostarse. El sueño reparador ayuda a renovar el cuerpo y la mente, fortaleciendo su capacidad de enfrentar el día con tranquilidad.

Gestión del Estrés

Gestionar el estrés es una habilidad valiosa para una vida menos ansiosa. Organice su tiempo de manera eficaz, aprenda a delegar tareas y practique técnicas de relajación. Sepa decir no cuando sea necesario y reserve tiempo para actividades que lo relajen.

Actividades de Ocio

Permítase momentos de ocio dedicados a actividades que usted ama. Pintura, lectura, jardinería, música o cualquier hobby que lo haga desconectarse de las preocupaciones cotidianas son una válvula de escape para el estrés y la ansiedad.

Creación de una Rutina Estructurada

Establezca una rutina diaria estructurada, incluyendo horarios para comidas, ejercicios, trabajo, ocio y sueño. La previsibilidad y la organización pueden ayudar a reducir la ansiedad, proporcionando un sentido de control.

Construcción de Relaciones Sociales

Cultivar relaciones sanas y significativas es esencial para el bienestar emocional. Comparta sus experiencias con amigos y familiares, participe de grupos con intereses comunes y ofrezca su apoyo a otros. El soporte social puede aliviar la ansiedad y crear una red de seguridad.

Aprendizaje y Crecimiento Personal

Invertir en su desarrollo personal es un paso para una vida más realizada y menos ansiosa. Establezca metas alcanzables que lo motiven a crecer y desarrollarse. La búsqueda constante por aprendizaje y crecimiento proporciona un sentido de propósito y satisfacción.

Gratitud y Práctica del Optimismo

La práctica de la gratitud diaria es un antídoto poderoso para la ansiedad. Reconozca las cosas positivas en su vida y agradezca por ellas. Cultivar una perspectiva optimista, centrándose en las soluciones en lugar de los problemas, transformará su forma de enfrentar la vida y contribuirá para la reducción de la ansiedad.

Al implementar estas estrategias en su vida cotidiana, usted estará construyendo un estilo de vida más saludable y menos ansioso, promoviendo un equilibrio esencial entre cuerpo, mente y espíritu. Recuerde que el bienestar es un viaje continuo, y cada paso que usted dé hacia un estilo de vida más saludable es un paso hacia una vida más plena y tranquila.

LA IMPORTANCIA DE UNA DIETA EQUILIBRADA Y EJERCICIOS FÍSICOS PARA CONTROLAR LA ANSIEDAD

Vivimos en una era en la que el ritmo acelerado de la vida cotidiana nos lleva a menudo a un ciclo de estrés y ansiedad. En medio de esta realidad desafiante, reconocer la importancia de una dieta equilibrada y la práctica regular de ejercicio físico es fundamental para mantener no sólo nuestra salud física, sino también nuestra salud mental.

Impacto de la Dieta en la Ansiedad

La relación entre la dieta y la ansiedad es profunda. Los alimentos ricos en azúcares simples y grasas trans pueden desencadenar fluctuaciones de azúcar en la sangre, afectando el estado de ánimo y aumentando la ansiedad. Por otro lado, una dieta rica en frutas, verduras, cereales integrales y proteínas magras puede proporcionar los nutrientes necesarios para el equilibrio mental.

La serotonina, neurotransmisor asociado al bienestar y el estado de ánimo, puede verse influenciada por la dieta. El triptófano, un aminoácido precursor de la serotonina, se puede encontrar en alimentos como frutos secos, semillas, legumbres y pescado, e incorporarlos en la dieta puede ayudar a regular el estado de ánimo y la ansiedad.

Beneficios de los Ejercicios Físicos en la Ansiedad

Los ejercicios físicos son una de las formas más eficaces de reducir la ansiedad. Durante la práctica de actividades físicas, nuestro cuerpo libera endorfinas, sustancias químicas en el cerebro que actúan como analgésicos naturales y estabilizadores del estado de ánimo. Además, el ejercicio ayuda a reducir la producción de cortisol, la hormona del estrés.

Además del impacto químico, la práctica regular de ejercicio está directamente relacionada con una mejor calidad del sueño, algo esencial para controlar la ansiedad. El sueño adecuado restaura el cuerpo y la mente, preparándonos para afrontar el día con más calma y claridad mental.

Cómo Incorporar una Dieta Equilibrada y Ejercicios en su Rutina

La incorporación de una dieta equilibrada y ejercicios físicos en nuestra rutina puede parecer desafiante inicialmente, pero es totalmente viable con un enfoque gradual y constante. Comience haciendo pequeños cambios en su dieta, introduciendo más alimentos saludables y reduciendo los perjudiciales. De la misma manera, experimente diferentes tipos de ejercicios hasta encontrar aquellos que le gusten y se adapten a su vida.

Consultar a un nutricionista o un profesional de la salud es una excelente manera de obtener orientación específica sobre una dieta equilibrada que satisfaga sus necesidades. Para los ejercicios, considerar la orientación de un entrenador personal para un plan personalizado puede ser una gran opción.

La Búsqueda del Equilibrio

Encontrar el equilibrio adecuado entre una dieta equilibrada y la práctica regular de ejercicio físico es una búsqueda individual. Cada persona es única y sus necesidades varían. Experimenta diferentes enfoques, escucha tu cuerpo y haz ajustes según sea necesario. Ten en cuenta que la presión excesiva para cambiar drásticamente tu dieta o hacer ejercicio intensamente puede aumentar la ansiedad. La consistencia y la moderación son fundamentales para alcanzar y mantener un estilo de vida saludable.

Al priorizar una dieta equilibrada y la práctica regular de ejercicio físico, estás haciendo una inversión valiosa en tu salud física y mental. Estas elecciones conscientes pueden desempeñar un papel significativo en el control de la ansiedad y en la búsqueda de una vida plena y equilibrada. Por lo tanto, sigue adelante, adopta hábitos saludables y disfruta de los beneficios duraderos que pueden proporcionar para tu bienestar.

En este capítulo, exploramos la importancia vital de un estilo de vida equilibrado para enfrentar la ansiedad. Observamos que nuestra dieta y actividad física tienen un impacto profundo no sólo en nuestra salud física, sino también en nuestro bienestar mental. Una dieta equilibrada, rica en nutrientes esenciales, aliada a la práctica regular de ejercicio físico, puede ser un gran aliado en la búsqueda de una vida menos ansiosa y más plena.

Ten en cuenta que no se trata de buscar la perfección, sino equilibrio. Es sobre hacer elecciones conscientes, incorporando gradualmente cambios positivos en tu rutina diaria. Al cuidar de tu cuerpo, estás también nutriendo tu mente. Al integrar una alimentación saludable y actividad física en tu vida cotidiana, estás dando pasos concretos en dirección a un estado de equilibrio y bienestar.

En el próximo capítulo, vamos a adentrarnos en un tema cada vez más presente en nuestras vidas: la tecnología. En un mundo digitalizado y conectado, la tecnología puede tener un impacto significativo en nuestra salud mental, incluyendo la ansiedad. Vamos a explorar cómo el uso excesivo de dispositivos, redes sociales y la constante exposición al mundo digital pueden afectar nuestra salud emocional. Además, discutiremos estrategias y prácticas que nos permitan usar la tecnología de manera consciente y beneficiosa para nuestra salud mental, buscando un equilibrio saludable entre la vida en línea y fuera de línea.

11
TECNOLOGÍA Y ANSIEDAD

Dominar el arte de la presencia digital, equilibrando con la serenidad del mundo real.

Vivimos en una era en la que la tecnología impregna todos los aspectos de nuestras vidas. Desde el despertar hasta el adormecer, estamos constantemente sumergidos en el mundo digital. Las innovaciones tecnológicas han abierto puertas a una mayor conectividad, eficiencia y comodidad. Sin embargo, esta revolución digital también ha traído consigo un conjunto de desafíos, particularmente en relación con nuestra salud mental. En este capítulo, nos adentraremos en el universo de la tecnología y su influencia sobre la ansiedad.

La conectividad instantánea y el acceso ininterrumpido a la información tienen sus ventajas, pero también traen una serie de preocupaciones para la salud mental. La ansiedad, uno de los problemas más prevalentes en nuestro mundo moderno, está fuertemente afectada por el uso excesivo e inadecuado de la tecnología. Exploraremos cómo el consumo desenfrenado de información, la presión de las redes sociales, el aislamiento digital y la dependencia de los dispositivos electrónicos están interconectados con la ansiedad.

A lo largo de este capítulo, examinaremos el impacto directo del uso excesivo de tecnología en nuestra salud mental. Analizaremos cómo la sobrecarga de información digital, la comparación constante, la falta de interacción cara a cara y la influencia en la calidad del sueño pueden contribuir a la ansiedad y el estrés. Comprender estos efectos es esencial para tomar medidas significativas en busca de un equilibrio saludable entre la tecnología y nuestro bienestar emocional.

Además de identificar los desafíos, también presentaremos estrategias prácticas y eficaces para mitigar los efectos perjudiciales del uso excesivo de tecnología. Después de todo, la tecnología no es inherentemente negativa; su utilización consciente y equilibrada puede ser beneficiosa. Discutiremos la importancia de establecer límites claros, practicar la desconexión digital, crear espacio para actividades desconectadas y cultivar la conciencia digital. Estas prácticas pueden ayudarnos a recuperar el control sobre nuestra relación con la tecnología y, en consecuencia, aliviar la ansiedad asociada a ella.

IMPACTO DEL USO EXCESIVO DE TECNOLOGÍA EN LA ANSIEDAD

La presencia y el uso ubicuo de la tecnología en la sociedad contemporánea han traído consigo un vasto espectro de cambios e impactos significativos en varias esferas de la vida humana. Sin embargo, uno de esos impactos que merece una atención especial es el efecto del uso excesivo de tecnología en la ansiedad, una condición que afecta a millones de personas en todo el mundo.

Sobrecarga de Información y Estrés Digital

La era digital ha traído consigo un diluvio ininterrumpido de información. Estamos expuestos a una avalancha de noticias, actualizaciones de redes sociales, correos electrónicos, mensajes instantáneos y notificaciones de aplicaciones a cada segundo. Aunque la facilidad de acceso a la información es un regalo, la sobrecarga de información puede ser abrumadora. El estrés digital resultante de este exceso de información puede conducir a la ansiedad y al agotamiento. La dificultad de discernir lo que es importante y relevante en medio de esta avalancha puede crear una sensación de desesperación y falta de control, alimentando la ansiedad.

Comparación Social e Inseguridad

Las redes sociales, a pesar de proporcionar una plataforma para la conexión y el intercambio, a menudo son un escenario para la comparación social. La exposición a las vidas aparentemente perfectas de los demás puede cultivar un sentimiento de inadecuación y baja autoestima. Las personas tienden a comparar sus vidas, apariencias, logros y éxitos con los demás, creando una competencia constante y a menudo irreal. Esto puede conducir a la ansiedad, ya que las personas se sienten presionadas a cumplir con estándares inalcanzables.

Aislamiento y Reducción de la Interactividad Cara a Cara

Aunque estamos más interconectados digitalmente, esto no se traduce necesariamente en una mayor conexión emocional y social. Las interacciones virtuales, a menudo impersonales y superficiales, están reemplazando las interacciones cara a cara más profundas y significativas. El aislamiento emocional resultante puede conducir a la soledad y la ansiedad. La falta de contacto humano real y profundo puede dejar a las personas sintiéndose desconectadas y ansiosas, a pesar de su presencia aparentemente vasta en las redes sociales.

Impacto en la Calidad del Sueño

El hábito de usar dispositivos electrónicos antes de acostarse es común en la era digital. Sin embargo, la exposición a la luz azul emitida por estos dispositivos puede perturbar nuestro ciclo de sueño. La calidad del sueño es esencial para la salud mental, y su interrupción debido al uso excesivo de tecnología está estrechamente ligada al aumento de la ansiedad y el estrés. La falta de sueño adecuada puede aumentar la vulnerabilidad al estrés y disminuir la capacidad de gestionar las presiones cotidianas, lo que a su vez amplifica la ansiedad.

Estos son sólo algunos de los efectos perjudiciales del uso excesivo de tecnología en la ansiedad, lo que ilustra la necesidad urgente de abordar y mitigar estos impactos para preservar nuestra salud mental y bienestar.

ESTRATEGIAS PARA EQUILIBRAR EL USO DE LA TECNOLOGÍA Y REDUCIR LA SOBRECARGA

Vivimos en una era digital, donde la tecnología se ha convertido en una parte esencial de nuestras vidas. Sin embargo, equilibrar esta presencia constante con una vida equilibrada y saludable es crucial para nuestra salud mental y bienestar. A continuación, se presentan algunas estrategias que pueden ayudar a equilibrar el uso de la tecnología y reducir la sobrecarga asociada a ella:

Establecer Límites Claros

Defina límites claros para el uso de la tecnología en su rutina diaria. Establezca horarios específicos para actividades en línea y períodos de descanso sin tecnología, como durante las comidas y antes de acostarse. Estos límites ayudan a evitar el uso excesivo y promueven una relación más saludable con los dispositivos.

Bloquear Personas y Temas Perjudiciales

Utilice las herramientas disponibles en las redes sociales y aplicaciones para bloquear personas y temas que actúan como desencadenantes para despertar la ansiedad. Protegerse de contenidos negativos es una forma importante de cuidar su salud mental.

Practicar el Desconexión Digital

Haga pausas regulares para desconectarse completamente. Esto puede ser unas horas durante el día o ciertos días de la semana. Utilice este tiempo para reconectarse con actividades sin conexión y consigo mismo. La desconexión digital es esencial para aliviar el estrés y la ansiedad relacionados con la exposición constante a la tecnología.

Crear Espacio para Actividades sin Conexión

Reserve tiempo para pasatiempos y actividades que no involucren dispositivos electrónicos. Esto puede incluir ejercicio al aire libre, lectura de libros físicos, arte o cualquier otra actividad que le permita desconectarse del mundo digital. Estos momentos de desconexión son vitales para nuestra salud mental y bienestar.

Practicar la Conciencia Digital

Sea consciente de cómo usa la tecnología. Antes de abrir una aplicación o sitio web, pregúntese si es realmente necesario en ese momento. Límite su uso a aplicaciones e información que sean útiles y relevantes para su vida. Evitar el uso automático de la tecnología puede reducir el estrés y la ansiedad.

Estimular las Interacciones Cara a Cara

Priorice el contacto personal y las interacciones sociales sin conexión siempre que sea posible. Reserve tiempo para estar con amigos y familiares, participar en eventos sociales y participar en actividades comunitarias. Las interacciones cara a cara son vitales para nuestra salud mental y emocional.

Cuidar de su Salud Mental

Mantenga un ojo atento sobre su bienestar mental. Si nota que el uso de la tecnología está impactando negativamente su ansiedad o salud mental, busque ayuda profesional de un psicólogo o terapeuta. Es fundamental cuidar nuestra salud mental para enfrentar los desafíos relacionados con la tecnología.

Establecer un Espacio Tranquilo

Cree un espacio en su casa donde la tecnología no esté permitida. Este es un lugar donde pueda desconectarse completamente y dedicarse a la paz y la tranquilidad. Tener un lugar sin tecnología ayuda a encontrar momentos de serenidad en medio de la agitación digital.

Practicar la Respiración Consciente

Cuando sienta que la tecnología está generando ansiedad, reserve unos minutos para una respiración consciente. Inspire profundamente, sostenga durante unos segundos y exhale lentamente. Esto puede ayudar a calmar la mente y reducir la ansiedad asociada al uso excesivo de la tecnología.

Aunque la tecnología ha traído avances increíbles, su constante presencia en nuestras vidas también puede desencadenar ansiedad, estrés y otros desafíos emocionales. En este capítulo, analizamos cómo la sobrecarga de información, la comparación social, el aislamiento y el impacto en la calidad del sueño pueden contribuir a la ansiedad en un mundo digital.

Sin embargo, también proporcionamos un conjunto integral de estrategias para equilibrar el uso de la tecnología y reducir la sobrecarga. Estas estrategias incluyen el establecimiento de límites claros, el bloqueo de contenidos perjudiciales, la desconexión digital, la creación de espacio para actividades sin conexión, la conciencia digital, la valoración de las interacciones personales, el cuidado de la salud mental, la creación de un ambiente tranquilo y la práctica de la respiración consciente.

Al adoptar estas estrategias y cultivar una relación consciente con la tecnología, podemos enfrentar los desafíos de la era digital de forma más equilibrada, promoviendo nuestra salud mental y bienestar.

En el próximo capítulo, nos sumergiremos en un área fundamental para nuestro bienestar emocional: las relaciones y el apoyo social. Nuestras interacciones con amigos, familiares y comunidades desempeñan un papel crucial en nuestra salud mental. Exploraremos cómo construir y mantener relaciones saludables puede ayudar a reducir la ansiedad, proporcionar apoyo emocional y crear una red de seguridad durante los momentos difíciles.

12

RELACIONES Y APOYO SOCIAL

En cada conexión, encontramos fuerza; juntos somos una sinfonía, armonía en la lucha contra la ansiedad.

Vivimos en un mundo interconectado, donde nuestras vidas están entrelazadas por las relaciones que formamos a lo largo del camino. Cada conexión, ya sea con amigos, familiares, colegas o incluso extraños, contribuye a la compleja telaraña de nuestras vidas.

Las relaciones no son meras interacciones superficiales; son la columna vertebral de nuestra existencia. Desde los lazos estrechos con aquellos que comparten nuestro día a día hasta los encuentros breves que nos recuerdan nuestra humanidad compartida, las relaciones moldean nuestro mundo emocional. Y, al explorar la intrincada intersección entre estas conexiones y nuestra ansiedad, buscamos entender cómo nuestras interacciones interpersonales pueden aliviar o agravar el peso de la preocupación y el miedo.

En este capítulo, nos sumergimos en los meandros de las relaciones humanas. Investigamos cómo el apoyo emocional puede ser un baluarte contra la ansiedad, cómo la falta de conexiones puede alimentar la soledad y la inseguridad, y cómo la empatía y la comprensión pueden ser faros de luz en los momentos más oscuros. En nuestro viaje, descubrimos que, mientras las relaciones positivas pueden nutrir nuestra alma y darnos fuerzas para enfrentar el mundo, las tóxicas pueden minar nuestra confianza y sembrar la duda en nuestros corazones.

Además de examinar la influencia de las relaciones en nuestra ansiedad, también presentamos estrategias poderosas para nutrir y fortalecer estas conexiones cruciales. Desde la comunicación transparente hasta la búsqueda de ayuda profesional cuando sea necesario, estamos a punto de desentrañar el arsenal de herramientas disponibles para construir relaciones saludables y buscar el apoyo emocional que todos necesitamos.

LA INFLUENCIA DE LAS RELACIONES EN LA ANSIEDAD

Los lazos que construimos con otras personas a lo largo de nuestras vidas no son sólo conexiones sociales, sino hilos que tejen la tapicería de nuestra salud mental.

En la búsqueda de comprender la compleja relación entre relaciones y ansiedad, desvelamos el impacto sustancial que pueden tener sobre nuestro estado emocional. Desde proporcionar alivio reconfortante hasta agravar nuestros temores, las relaciones moldean nuestras experiencias de ansiedad de maneras profundas y variadas. Vamos a analizar de qué manera las relaciones pueden influenciar nuestra ansiedad:

Soporte Emocional y Reducción de la Ansiedad

Las relaciones saludables, basadas en confianza, respeto y apoyo mutuo, tienen el poder de funcionar como verdaderos antídotos para la ansiedad. Tener a alguien en quien podamos confiar plenamente, con quien podamos compartir nuestras inquietudes y temores más profundos, es un bálsamo para la ansiedad.

El soporte emocional nos ofrece la garantía de que no estamos solos en nuestros desafíos, permitiéndonos enfrentarlos con más resiliencia y esperanza. La empatía y el aliento que recibimos en relaciones significativas pueden calmar la tormenta interior y brindarnos un refugio seguro frente a nuestra angustia.

Relaciones Tóxicas y Agravamiento de la Ansiedad

Así como las relaciones positivas pueden ofrecer consuelo, las relaciones tóxicas tienen el poder opuesto: intensificar nuestros niveles de ansiedad. Ambientes donde hay falta de apoyo, comprensión o, peor aún, donde hay abuso emocional o físico, pueden ser calderos de estrés y ansiedad.

Identificar y, posteriormente, distanciarse de esos relacionamientos perjudiciales es esencial para proteger nuestra salud mental. Poner fin a relaciones tóxicas es un acto de autocompasión y un paso crucial en dirección a un estado emocional más estable y calmo.

Soledad y Ansiedad

La soledad puede ser un suelo fértil para el crecimiento de la ansiedad. La ausencia de interacciones sociales significativas y conexiones emocionales puede llevar a un sentimiento profundo de aislamiento, que por su parte puede desencadenar ansiedad.

Es vital, por lo tanto, cultivar relaciones saludables e invertir tiempo y esfuerzo en la construcción de conexiones genuinas. Estas relaciones pueden actuar como baluartes contra la soledad y sus consecuencias perjudiciales para nuestra salud mental.

Empatía y Comprensión Como Alivio para la Ansiedad

Relaciones caracterizadas por empatía, comprensión y una comunicación abierta y eficaz pueden ofrecer alivio valioso para la ansiedad. La sensación de ser verdaderamente comprendido y escuchado, sin juicio, puede aliviar el peso de la ansiedad. En estos relacionamientos, encontramos un espacio seguro para expresar nuestros pensamientos y emociones más íntimos, lo que puede tener un efecto tranquilizador sobre nuestras mentes inquietas.

ESTRATEGIAS PARA CULTIVAR RELACIONAMIENTOS SALUDABLES Y BUSCAR APOYO EMOCIONAL

Cultivar relaciones saludables y buscar apoyo emocional son habilidades cruciales para mejorar nuestra salud mental y enfrentar la ansiedad de forma eficaz. Vamos a explorar estrategias que pueden ayudarnos a fortalecer nuestras conexiones interpersonales y buscar el apoyo necesario cuando lo necesitemos:

Comunicación Clara y Empática

La comunicación es la base de cualquier relación saludable. La capacidad de expresar nuestros sentimientos, necesidades y preocupaciones de forma clara y respetuosa es esencial. Además, saber escuchar activamente lo que los demás tienen que decir, demostrando empatía y comprensión, puede evitar malentendidos que a menudo se convierten en fuentes de ansiedad. Una comunicación clara y empática es la piedra angular para construir conexiones sólidas y saludables.

Establecimiento de Límites Saludables

Establecer límites saludables es una demostración de amor propio y respeto mutuo. La capacidad de decir "no" cuando sea necesario y definir límites claros sobre lo que es aceptable y lo que no es en una relación es fundamental. Esto ayuda a mantener una dinámica equilibrada, previniendo el estrés y la ansiedad derivados de la falta de respeto o la sobrecarga. Establecer límites es una forma de autocuidado y es esencial para relaciones duraderas y saludables.

Demostración de Gratitud y Apreciación

Expresar gratitud y apreciación es una manera poderosa de fortalecer los lazos interpersonales. Reconocer las contribuciones positivas de las personas en nuestras vidas crea un ambiente de positividad y armonía. La gratitud promueve un ciclo virtuoso de bienestar emocional, fortaleciendo nuestras relaciones y contribuyendo a un estado mental más equilibrado y menos ansioso.

Empatía y Comprensión Activa

La empatía es una de las cualidades más valiosas que podemos cultivar en nuestras relaciones. Ponerse en el lugar de los demás, esforzarse por comprender sus sentimientos y perspectivas, es un gesto poderoso. La comprensión activa demuestra cuidado e interés genuino, creando un ambiente emocionalmente nutritivo y disminuyendo la ansiedad al proporcionar un espacio seguro para expresar nuestras emociones.

Incentivo al Crecimiento Personal

Las relaciones saludables no sólo aceptan, sino que también alientan el crecimiento personal. Estimular y apoyar los objetivos y aspiraciones de los demás crea una base para relaciones duraderas y gratificantes. Cuando apoyamos el crecimiento de las personas en nuestra vida, estamos construyendo una comunidad en la que todos tienen la oportunidad de desarrollarse y alcanzar su potencial máximo.

Búsqueda Profesional de Ayuda

Cuando la ansiedad se vuelve abrumadora y comienza a perjudicar nuestra calidad de vida, buscar ayuda profesional es un paso fundamental. Psicólogos, terapeutas y consejeros están disponibles para ofrecer orientación especializada y estrategias para lidiar con la ansiedad. Además, estos profesionales pueden ayudarnos a mejorar nuestras relaciones, proporcionando un apoyo crucial para nuestra salud mental.

Participación en Actividades Sociales y Comunitarias

La participación en actividades sociales y comunitarias es una excelente manera de crear y fortalecer relaciones significativas. Conectarse a un grupo más grande y contribuir a la comunidad no sólo crea nuevas amistades, sino que también da un sentido de propósito y significado. Involucrarse en causas comunes y contribuir al bienestar de la comunidad puede reducir la ansiedad, fortaleciendo nuestra salud mental.

Fomento de Relaciones Positivas con la Familia

Los lazos familiares son un pilar crucial en nuestras vidas. Fortalecer estas conexiones es una parte esencial de cultivar relaciones saludables. Invertir tiempo y esfuerzo en mantener una relación positiva con miembros de la familia puede ser una fuente significativa de apoyo emocional. Una familia unida y amorosa puede ser un refugio en tiempos de ansiedad, ofreciendo comodidad y soporte emocional.

En este capítulo, exploramos la profunda influencia que los relaciones tienen en nuestra ansiedad y cómo pueden ser tanto una fuente de apoyo emocional como una fuente de estrés. Aprendimos que, cuando cultivadas de manera saludable, las relaciones pueden desempeñar un papel fundamental en la reducción de la ansiedad, proporcionando apoyo emocional, empatía y comprensión. Al mismo tiempo, identificamos la importancia de establecer límites y reconocer relaciones tóxicas que pueden agravar la ansiedad.

Las estrategias discutidas en este capítulo, como la comunicación clara, la empatía, el establecimiento de límites saludables y la búsqueda por crecimiento personal, ofrecen herramientas prácticas para mejorar nuestras relaciones y, en consecuencia, nuestra salud mental.

A medida que avanzamos, recordamos que nuestras conexiones con otras personas son un recurso valioso para enfrentar la ansiedad y encontrar apoyo emocional. Al cultivar relaciones saludables e implementar estas estrategias, damos pasos importantes en dirección a una vida con menos ansiedad y más equilibrio emocional.

En el próximo capítulo, nos sumergiremos en la importancia de buscar ayuda profesional al enfrentar la ansiedad. Vamos a explorar los diversos recursos disponibles, desde psicólogos y terapeutas hasta enfoques terapéuticos, que pueden proporcionar orientación especializada y estrategias eficaces para lidiar con la ansiedad. La búsqueda de ayuda profesional es un paso crucial para muchas personas que enfrentan desafíos emocionales, y este capítulo proporcionará información valiosa sobre cómo dar ese importante paso en dirección al bienestar mental.

13

BUSCANDO AYUDA PROFESIONAL

En la búsqueda de luz, encuentra el coraje; en la voz del profesional, descubre tu camino hacia la cura.

La ansiedad es un viaje complejo y a menudo desafiante, lleno de altibajos emocionales, pensamientos turbulentos e incertidumbres que pueden nublar el horizonte del bienestar mental. La ansiedad puede manifestarse de varias maneras y en diferentes intensidades, afectando nuestra capacidad de disfrutar de la vida y cumplir con nuestras responsabilidades cotidianas. Es un estado emocional que no debe subestimarse, ya que puede socavar nuestra calidad de vida e interferir en nuestras interacciones sociales, trabajos y relaciones personales.

Es importante reconocer que enfrentar la ansiedad sólo puede ser abrumador y, a menudo, ineficaz. En algunos momentos, el apoyo de los amigos y familiares puede no ser suficiente para proporcionar las herramientas y estrategias necesarias para superar las barreras que la ansiedad impone en nuestra vida. Es en este punto que la búsqueda de ayuda profesional se vuelve fundamental para dar un giro en la dirección del bienestar emocional.

Este capítulo está dedicado a entender la importancia de buscar ayuda profesional, incluyendo psicólogos y psiquiatras, en el viaje para superar la ansiedad. Vamos a explorar las razones por las que la orientación de especialistas puede hacer una diferencia significativa, no sólo en el alivio de los síntomas, sino también en la comprensión más profunda de las raíces de la ansiedad. Desmitificaremos los tabúes que, a menudo, rodean a la terapia, alentando una aproximación más consciente e informada para la búsqueda del auxilio profesional.

IMPORTANCIA DE BUSCAR AYUDA PROFESIONAL

La ansiedad es una condición compleja que puede manifestarse de diferentes formas e intensidades, afectando la vida de maneras variadas. A medida que la ansiedad se vuelve más presente e impactante, la búsqueda de ayuda profesional se convierte en una necesidad importante. Son algunas razones por las que la asistencia de psicólogos y psiquiatras es fundamental:

Profundizar en la Comprensión de la Ansiedad

Los profesionales de salud mental poseen el conocimiento y la experiencia necesarios para profundizar en la comprensión de la ansiedad. Pueden diagnosticar la ansiedad e identificar los desencadenantes específicos que la desencadenan en cada caso. Con esta comprensión más profunda, es posible desarrollar estrategias de afrontamiento personalizadas y eficaces.

Desarrollo de Estrategias Personalizadas

Como cada individuo enfrenta la ansiedad de maneras únicas, un plan de tratamiento personalizado es esencial para abordar las necesidades y desafíos específicos de cada persona. Los profesionales de salud mental pueden crear estrategias a medida que incluyen terapias, ejercicios de relajación, técnicas de afrontamiento y, en algunos casos, medicación.

Acceso a Técnicas Terapéuticas Especializadas

Los profesionales de salud mental tienen acceso a una amplia gama de técnicas terapéuticas comprobadas que pueden ser altamente eficaces en el tratamiento de la ansiedad. Estas técnicas incluyen Terapia Cognitivo-Comportamental (TCC), Mindfulness, Terapia de Aceptación y Compromiso (ACT) y muchas otras aproximaciones que pueden proporcionar alivio y proporcionar herramientas valiosas para gestionar la ansiedad.

Provisión de Apoyo Profesional

El apoyo profesional es crucial para lidiar con la ansiedad. Psicólogos y psiquiatras están entrenados no sólo para proporcionar orientación y estrategias, sino también para ofrecer apoyo emocional. Tener un profesional a su lado puede hacer una diferencia significativa en su jornada para superar la ansiedad.

Prevención y Gestión de Crisis

Los profesionales de salud mental están entrenados para reconocer los signos de una crisis inminente y para ayudar a prevenirla. Pueden auxiliar en la creación de planes de seguridad y estrategias para evitar recaídas o minimizar su impacto. Esto es especialmente importante para personas que vivencian ansiedad crónica o trastornos de ansiedad.

En última instancia, buscar ayuda profesional para la ansiedad no es sólo una demostración de autosuficiencia, sino también un paso valiente hacia una vida más equilibrada y feliz. Cada persona es única, y la asistencia de un psicólogo o psiquiatra puede proporcionar el apoyo necesario para enfrentar los desafíos de la ansiedad de manera eficaz y capacitadora.

DESMISTIFICACIÓN DE TABÚES RELACIONADOS CON LA TERAPIA

Es importante desmitificar los tabúes y los malentendidos que rodean a la terapia, ya que estas ideas erróneas pueden impedir que las personas busquen el apoyo que necesitan para su salud mental. Vamos a explorar algunos de estos mitos:

Terapia No es Señal de Debilidad

Uno de los tabúes más comunes y perjudiciales relacionados con la terapia es la creencia de que buscar ayuda de un profesional es señal de debilidad. Sin embargo, esto está lejos de ser cierto. Buscar ayuda es un signo de fuerza y coraje. Es una demostración de autosuficiencia y determinación para mejorar la propia salud mental. Reconocer que todos enfrentan desafíos emocionales en algún momento de la vida y que buscar apoyo es una decisión inteligente y asertiva es un paso esencial para desterrar este tabú.

Terapia No es Sólo para Problemas Graves

Otro malentendido común es que la terapia está reservada sólo para personas con problemas graves de salud mental. Sin embargo, la terapia es beneficiosa para cualquier persona que esté lidiando con estrés, ansiedad, problemas de relación, transiciones de vida o búsqueda de autoconocimiento. Es una herramienta poderosa para promover el bienestar emocional en una variedad de situaciones. Todos merecen cuidar de su salud mental, independientemente de la gravedad del problema.

Terapia No es un Proceso sin Fin

Algunos pueden temer que, una vez que comiencen la terapia, estarán atrapados en ese proceso para siempre. Sin embargo, la terapia es un proceso adaptable y flexible. El objetivo es proporcionar las herramientas necesarias para que usted pueda mantenerse a sí mismo emocionalmente. Los terapeutas están ahí para ayudarlo a alcanzar sus objetivos y para determinar cuándo está listo para seguir adelante, ofreciendo autonomía y progreso continuo. La terapia tiene como objetivo capacitarlo para enfrentar los desafíos futuros de manera independiente y segura.

Terapia no es Sólo Hablar de Problemas

La terapia va más allá de simplemente hablar sobre sus problemas. Es un entorno seguro y confidencial para explorar sus emociones, comportamientos y pensamientos de manera profunda. Los terapeutas brindan orientación, enseñan habilidades de afrontamiento, ayudan en el desarrollo de estrategias para lidiar con los desafíos de la vida de manera más efectiva y promueven el descubrimiento del autoconocimiento. La terapia es un espacio de crecimiento personal y desarrollo emocional, proporcionando un camino hacia una vida más equilibrada y significativa.

Buscar ayuda profesional para enfrentar la ansiedad es un paso crucial hacia una vida más equilibrada y saludable. Este capítulo exploró la importancia de buscar ayuda de psicólogos y psiquiatras, destacando que esta búsqueda no es un signo de debilidad, sino de fuerza y determinación para cuidar de la salud mental. Desmitificó los tabúes asociados con la terapia, enfatizando que no es sólo para problemas graves y que no representa un proceso sin fin. La terapia es un espacio de crecimiento, donde se desarrollan estrategias y se adquiere comprensión profunda de la ansiedad.

Los profesionales de la salud mental ofrecen no sólo apoyo emocional, sino también técnicas terapéuticas especializadas para tratar la ansiedad. A través de un proceso personalizado, ayudan a identificar desencadenantes y a construir estrategias adaptadas a las necesidades únicas de cada individuo. Además, brindan apoyo para prevenir y manejar crisis, esenciales para aquellos que enfrentan ansiedad crónica o trastornos relacionados.

Al deshacer malentendidos y alentar la búsqueda de ayuda profesional, esperamos haber inspirado a considerar la terapia como una herramienta valiosa para lidiar con la ansiedad. A través de ella, es posible conquistar una vida más plena y equilibrada, promoviendo el bienestar emocional y mejorando la calidad de vida. La caminata para superar la ansiedad es una jornada de coraje, autoconocimiento y crecimiento, y la ayuda profesional puede ser una guía valiosa en ese camino.

CONCLUSIÓN

Al llegar al final de este viaje a través de "Ansiedad S.A.", es crucial reiterar y subrayar la importancia del enfrentamiento decidido de la ansiedad en nuestras vidas. La ansiedad, con sus ramificaciones profundas y a menudo complejas, puede moldear nuestras experiencias y nuestra percepción del mundo. Sin embargo, es fundamental recordar que no estamos indefensos ante esta condición. Cada página de este libro fue una llamada a la acción, una invitación para enfrentar la ansiedad de frente y no permitir que nos domine.

El mensaje central de este libro es de esperanza e incentivo. Es posible vivir una vida plena, incluso con la presencia de la ansiedad. No es un obstáculo insuperable, sino un desafío que, con el enfoque correcto, puede ser manejado y superado. El viaje hacia el equilibrio emocional y la paz interior puede comenzar con un simple paso: buscar ayuda.

Tenga en cuenta que no está sólo, muchas personas enfrentan ansiedad, y hay una red de apoyo disponible, desde amigos y familiares hasta profesionales de la salud mental, que están dispuestos a ayudar. Tener el coraje de enfrentar la ansiedad es un acto de autocompasión e inversión en sí mismo.

El camino puede ser desafiante, con altibajos, pero cada paso que das hacia el manejo de la ansiedad es un paso hacia una vida más saludable, equilibrada y plena.

Tenga en cuenta que la ansiedad no define quién eres, sino que es sólo una parte de tu experiencia. Con determinación, estrategias efectivas y apoyo, puede conquistar un mayor control sobre la ansiedad y alcanzar una vida más significativa y feliz.

Por lo tanto, siga adelante con confianza, buscando las herramientas y el apoyo que necesita. La ansiedad puede ser desafiante, pero también es una oportunidad para crecer, aprender y florecer. Su viaje hacia una vida más equilibrada y libre de la ansiedad comienza ahora.

ACERCA DEL AUTOR

Leonardo Tavares es un hombre que lleva consigo no solo el equipaje de la vida, sino también la sabiduría adquirida al enfrentar las tempestades que ella trajo. Viudo y padre dedicado de una encantadora niña, comprendió que el viaje de la existencia está repleto de altibajos, una sinfonía de momentos que moldean nuestra esencia.

Con una vivacidad que trasciende su juventud, Leonardo enfrentó desafíos terribles, navegó por fases difíciles y enfrentó días sombríos. Aunque el dolor fue un compañero en su camino, transformó esas experiencias en peldaños que lo impulsaron a alcanzar un nivel de serenidad y resiliencia.

El autor de obras de autoayuda notables, como los libros "Ansiedad S.A.", "Combatiendo la Depresión", "Curación de la Dependencia Emocional", "Derrotando el Burnout", "Enfrentando el Fracaso", "Encontrando el Amor de tu Vida", "Sobreviviendo al Duelo", "Superando la Ruptura" y "¿Cuál es Mi Propósito?", encontró en la escritura el vehículo para compartir sus lecciones de vida y transmitir la fuerza que descubrió dentro de sí. A través de su escritura clara y precisa, Leonardo ayuda a sus lectores a encontrar fuerza, coraje y esperanza en momentos de profunda tristeza.

Ayuda a otras personas compartiendo sus obras.

BIBLIOGRAFÍA

Barlow, D. (2022). Anxiety: The Cognitive Behavioral Approach. New York, NY: The Guilford Press.
Bourne, E. J. (2022). Anxiety and Phobia Workbook. New York, NY: New Harbinger Publications.
Burns, D. (2022). When Panic Attacks: The New, Drug-Free Way to Overcome Panic Disorder and Anxiety. New York, NY: Houghton Mifflin Harcourt.
Goldin, P. R., & Gross, J. J. (2022). The Mindful Path to Self-Compassion: Freeing Yourself from Negative Thoughts and Emotions. New York, NY: Guilford Press.
Hofmann, S. G., & Smits, J. A. (2022). The Anxiety and Phobia Workbook: A Cognitive-Behavioral Therapy Approach to Overcoming Anxiety and Phobias. New York, NY: Guilford Press.
Leahy, R. L. (2022). The Worry Cure: Seven Steps to Stop Worrying and Start Living. New York, NY: Basic Books.
Levine, B. D. (2022). Anxiety Disorders: A Guide to Treatment and Prevention. New York, NY: W. W. Norton & Company.
Mcdonagh, B. (2022). The DARE Response: How to Overcome Anxiety, Panic, and Worry in 7 Weeks. New York, NY: New Harbinger Publications.
Weekes, C. (2022). Anxiety Toolkit: A Practical Guide for Managing Anxiety and Panic Attacks. New York, NY: HarperOne.
Williams, M., Penman, D., & Kabat-Zinn, J. (2022). Mindful Way Through Anxiety. New York, NY: The Guilford Press.

LEONARDO TAVARES

Ansiedad
S.A.

www.ingramcontent.com/pod-product-compliance
Lightning Source LLC
LaVergne TN
LVHW041807060526
838201LV00046B/1164